Guia de trabalho prático

APOMETRIA

Os Orixás e
as Linhas de Umbanda

Norberto Peixoto

Guia de trabalho prático

APOMETRIA

Os Orixás e
as Linhas de Umbanda

LEGIÃO
PUBLICAÇÕES

9ª edição / Porto Alegre-RS / 2025

Capa e projeto gráfico: Marco Cena
Revisão: Sandro Andretta
Coordenação editorial: Maitê Cena
Produção editorial: Bruna Dali e Jorge Meura
Assessoramento gráfico: André Luis Alt

Dados Internacionais de Catalogação na Publicação (CIP)

P379g   Peixoto, Norberto
   Guia de trabalho prático: Apometria, os orixás e as linhas de umbanda. / Norberto Peixoto. – 9.ed – Porto Alegre: BesouroBox, 2025.
   168 p.; 16 x 23 cm

   ISBN: 978-85-5527-022-2

   1. Religião. 2. Umbanda. 3. Grupo de Umbanda Triângulo da Fraternidade. I. Título.

CDU 299.6

Bibliotecária responsável Kátia Rosi Possobon CRB10/1782

Direitos de Publicação: © 2025 Edições BesouroBox Ltda.
Copyright © Norberto Peixoto, 2025.

Todos os direitos desta edição reservados à
Edições BesouroBox Ltda.
Rua Brito Peixoto, 224 - CEP: 91030-400
Passo D'Areia - Porto Alegre - RS
Fone: (51) 3337.5620
www.legiaopublicacoes.com.br
Impresso no Brasil
Março de 2025.

Este livro contribui com o custeio da comissão de obras do Grupo de Umbanda Triângulo da Fraternidade, que tem reformas a serem feitas.

UM POR TODOS, TODOS POR UM...

Obrigado às organizadoras dos textos, Liz Chaves e Daisy Mutti, que muito trabalharam para a concretização desta singela obra. Aos demais trabalhadores de Apometria do Grupo de Umbanda Triângulo da Fraternidade, Andréia Irber Vargas, Carlos Léo, Débora Nery Machado, Ivete Dorneles Silva, Clóvis Conceição Rocha, Joana D'arc Costa Pinto, Roni Moreira, Rosa Helena Mandelli Winter, Solange Nery Machado, Tais Mourad e Vladimir Victor Streit, meu sincero preito de gratidão.

Eu tenho um zelo especial por todos vocês, não só pelo compromisso com os Orixás e Falangeiros de cada um, mas fruto do mais sincero sentimento de amor.

Norberto Peixoto

Tal qual a borboleta que pousa de flor em flor, auxiliando na expansão do jardim, seja você, através de seus atos, o propagador da alegria de ser um FILHO DE DEUS!
(Caboclo Pery, pela mediunidade de Mãe Iassan Ayporê Pery)

SUMÁRIO

PALAVRAS INICIAIS — 9

Capítulo 1
ORIGEM DA APOMETRIA — 13

Capítulo 2
HOMEM SETENÁRIO — 17

Capítulo 3
LEIS APOMÉTRICAS — 37

Capítulo 4
UTILIZAÇÃO DA APOMETRIA NO GRUPO DE UMBANDA — 61

Capítulo 5
DESDOBRAMENTOS: AS DIFERENÇAS — 71

81 Capítulo 6
CURA DAS ENFERMIDADES FÍSICAS E ESPIRITUAIS

89 Capítulo 7
MEDIUNIDADE E OBSESSÃO

103 Capítulo 8
RESSONÂNCIA DE VIDAS PASSADAS E DESPOLARIZAÇÃO DOS ESTÍMULOS DA MEMÓRIA

115 Capítulo 9
CAMPOS MAGÍSTICOS DO PASSADO VIBRANDO NO PRESENTE E SÍNDROME DE APARELHOS PARASITAS

123 Capítulo 10
A INVOCAÇÃO DAS LINHAS E ORIXÁS NA APOMETRIA

151 Capítulo 11
MERECIMENTO

159 CONSIDERAÇÕES FINAIS

165 REFERÊNCIAS

PALAVRAS INICIAIS

Este livro nasceu de várias solicitações ao longo dos últimos 10 anos de trabalhos com Apometria dentro de um terreiro de Umbanda. Muitos nos pedem que escrevamos um "roteiro" básico com a nossa metodologia de trabalho, aplicada no Grupo de Umbanda Triângulo da Fraternidade.

Com o engajamento dos médiuns nos estudos de casos, realizamos um seminário sobre Apometria, evento que reforçou nossa disposição de realizar este projeto.

Nada mais natural, então, por dentro do processo que estamos vivenciando de registro etnográfico dos nossos usos e costumes rito-litúrgicos, que déssemos o devido valor a esta causa, referente à nossa prática apométrica, escrevendo-a e publicando-a.

Que todos que lerem esta singela obra encontrem referências de que a Apometria é mais uma ferramenta de trabalho que pode ajudar a humanidade a mudar o seu padrão vibratório para melhor, se associada às atitudes dignas do médium, de bom caráter, integridade moral e ética, de procurar fazer aos outros o que gostaria que fizessem a si mesmo e de buscar incessantemente amar ao próximo de maneira incondicional, independentemente de raça, opção sexual, condição econômica, rótulo religioso, credo, culto ou doutrina particularizada.

Capítulo 1

ORIGEM
DA APOMETRIA

Regra de ouro da Apometria

Como fundamento de todo este trabalho – como, de resto, de todo trabalho espiritual – deve estar o AMOR. Ele é o alicerce. Sempre!

Durante o ano de 1965, esteve em Porto Alegre um psiquiatra porto-riquenho chamado Luiz Rodrigues, que realizou palestra no Hospital Espírita de Porto Alegre, demonstrando uma técnica que vinha empregando nos enfermos em geral, obtendo resultados satisfatórios. Denominada Hipnometria, essa técnica foi defendida no VI Congresso Espírita Pan-Americano, em 1963, na cidade de Buenos Aires, e consistia na aplicação de pulsos magnéticos concentrados e progressivos no corpo Astral do paciente, ao mesmo tempo em que, por sugestão, comandava o seu afastamento.

O Sr. Luiz Rodrigues era um investigador, não era espírita e tampouco médico, mas trouxe possibilidades novas e um imenso campo para experimentações, se conduzidas com métodos objetivos e sistemáticos.

Imediatamente, o Dr. José Lacerda testou a metodologia com dona Yolanda, sua esposa e médium de grande sensibilidade. Utilizando uma criteriosa metodologia, aliada à sua sólida formação doutrinária e à observação constante dos fenômenos, aprimorou solidamente a técnica inicial (Hipnometria), designando-a por "Apometria". Identificou-se, na época, um grande complexo hospitalar na dimensão espiritual, denominado Hospital Amor e Caridade, de onde partiam o auxílio e a cobertura aos trabalhos assistenciais dirigidos por ele, para sanar os "distúrbios espirituais".

Dr. Lacerda, formado em Medicina, foi cirurgião geral, ginecologista e clínico geral. Exerceu ainda o magistério, disciplina de Física. Era também formado em História Natural e Belas Artes. Desenvolveu e fundamentou cientificamente a Apometria e a criação da Casa do Jardim – instituição espírita assistencial.

A Apometria está desenvolvida e fundamentada na obra básica: *Espírito e Matéria: novos horizontes para a medicina*. Em *Energia e Espírito*, formulou novos e importantes conceitos e teorias sobre espírito-energia e espaço-tempo. Não considerava o Espiritismo apenas uma religião, mas uma realidade cósmica, uma ciência e filosofia. Para ele, o codificador do Espiritismo – Allan Kardec – estabeleceu uma ponte entre dois universos e possibilitou o estudo e o melhor entendimento do homem no seu duplo aspecto espírito/matéria. As leis foram reveladas, iluminando o "Conhece-te a ti mesmo". Novas concepções nasceram e os ensinamentos evangélicos "deixaram a poeira dos altares para se transformarem em Filosofia de Vida". Tinha uma visão larga e liberal, aceitando todas as ferramentas de trabalho comprometidas com o amor e a verdade, úteis à caridade.

A Apometria, usada com amor e por amor, serve gratuitamente a quantos dela necessitam, não importando se os trabalhadores ou atendidos são espíritas, umbandistas, teosofistas, esotéricos, maçons etc.

Capítulo 2

HOMEM
SETENÁRIO

Corpos espirituais inferiores

O homem, em sua totalidade, é constituído de sete corpos que são os veículos de manifestação da consciência. Cada corpo é formado por matéria específica de cada plano.

Do mais denso ao mais sutil, temos: corpo físico ou denso; corpo etéreo ou duplo etérico; corpo Astral ou dos sentimentos; corpo mental inferior ou concreto; corpo mental superior, abstrato ou causal; corpo búdico ou intuicional; corpo átmico, princípio átmico ou espiritual. Essa terminologia é adotada pela Teosofia, pelo Esoterismo e por outras frentes religiosas orientais. Já Allan Kardec, codificador do Espiritismo, atribuiu três classificações para a constituição do homem: corpo somático ou físico, perispírito e espírito. Neste compêndio, iremos adotar essas duas vertentes de nomenclaturas, conforme a formação do médium redator.

Na nossa prática apométrica, percebemos que o alcance da nossa ajuda, tanto pela incorporação ou clarividência quanto pela energia, vai até o corpo mental inferior ou concreto. Por sermos espíritos endividados e imperfeitos, e pela densidade dos nossos corpos, não conseguimos alçar voos para os corpos que compõem o ternário superior (corpo mental superior, búdico e átmico). Lembrando que a vibração que envolve esses corpos é de maior perfeição e de amor incondicional.

Por isso, o nosso estudo ficará apenas no quaternário inferior: corpo físico, etéreo, Astral e mental (neste caso, o mental inferior).

Corpo Físico

O nosso corpo físico é formado de matéria densa nos estados sólido, líquido e gasoso. É por meio desse veículo que o espírito age no plano físico denso. Todos os componentes químicos do corpo físico são necessários e úteis para o espírito entrar em contato com o ambiente e receber dele as informações necessárias à sua atuação no plano físico. O sistema nervoso é o elo entre o mundo físico e os corpos superiores do homem, e todos os outros sistemas orgânicos estão direcionados a criar condições para que as informações advindas do mundo das três dimensões cheguem ao cérebro físico e daí sejam transmitidas a níveis superiores de consciência. Os órgãos dos sentidos (olhos, ouvidos, nariz, língua e pele) absorvem dados que, chegando aos centros cerebrais, são enviados aos corpos superiores, onde são decodificados e interpretados, suscitando sensações, sentimentos e pensamentos, provocando determinadas respostas em sentido inverso, que chegam ao físico através do sistema nervoso. O corpo físico é, então, emissor, receptor e reator, pois emite, recebe e reage às informações.

Ele é formado, com base em estudo e planejamento da espiritualidade maior, para as diversas situações cármicas pelas quais a consciência precisará passar, e, após o término do aprendizado da encarnação, o corpo físico perderá toda a sua vitalidade, deixando livre o espírito, retornando o corpo, agora sem vida e deteriorado, ao plano que o criou – o plano físico ou material.

Finalmente, percebemos a importância do corpo físico como um verdadeiro templo vivo – o qual deve ser protegido, cuidado e cultivado como patrimônio divino. Mesmo com os embates e as situações adversas da vida, devemos capacitá-lo a refletir, com a maior nitidez possível, a luminosidade emanada do nosso espírito imortal.

Corpo Etéreo

Este corpo é formado de matéria própria do plano etéreo, sendo menos denso que a matéria do plano físico. Também chamado de duplo etérico, interpenetra o corpo físico, possuindo o mesmo aspecto deste.

Todos os órgãos do corpo físico têm sua contraparte etérica, são unidos ponto por ponto e ocupam o mesmo espaço dos órgãos físicos. O corpo etéreo é uma réplica do corpo físico.

Quando dormimos, os corpos físico e etérico ficam juntos, mas, ao desencarnarmos, ocorre a separação de ambos, ficando o corpo físico sem a energia necessária para sua manutenção. Rompido o elo que os unia, o corpo etéreo não está mais atuando na estruturação do corpo carnal, deixando-o à mercê das forças de desintegração. Decompondo-se o corpo físico, "o pó volta à terra como era", e a desintegração do corpo etéreo demorará em torno de 72 horas.

Os clarividentes descrevem o duplo etérico como tendo a cor roxo-acinzentada conforme o refinamento das partículas do corpo físico. O halo luminoso que envolve esses dois corpos chama-se aura e irá se unir à aura do corpo Astral e do corpo mental. Pela cor da aura, podemos tirar conclusões sobre a saúde física, bem como revelar que tipo de sentimentos e pensamentos a pessoa alimenta.

É na superfície do corpo etéreo que encontramos os centros de forças energéticos – os chacras, que abordaremos em outro capítulo.

O duplo etérico não tem consciência própria, sendo a sua consciência a do corpo físico. Quando dormimos, a consciência focaliza-se no corpo astral, e quando estamos no estado de vigília, ela se fixa no corpo físico.

Uma das principais funções do corpo etéreo é servir de veículo ao prana, o princípio vital ou vitalidade, oriundo do sol e absorvido, processado e distribuído pelos chacras. O prana é de vital importância para a manutenção da vida do corpo físico. Outra função é estruturar o corpo físico, servindo como matriz e coordenando o seu funcionamento. O corpo etéreo serve também de ponte entre o corpo físico e os corpos Astral e mental.

O duplo etérico é o responsável pela elaboração do ectoplasma, junto com a alimentação e o oxigênio absorvido e manipulado pelo corpo físico. Para os espíritos desencarnados, o ectoplasma trata-se de substância delicadíssima, que se produz entre os corpos etéreo e físico, e que serve de alavanca para interligar os planos físico e espiritual. Isso nos leva a deduzir que os fluidos resultantes da alimentação, da respiração e da atividade celular são conduzidos através dos chacras gástrico e esplênico, e transformam-se em ectoplasma no interior do duplo etérico. Poderíamos denominar isso como uma espécie de "metabolismo do ectoplasma".

Corpo Astral

Também chamado corpo dos desejos, dos sentimentos ou das emoções, o corpo Astral é constituído pelo material do Plano Astral, sendo suas partículas luminosas, coloridas e dotadas de movimentos rápidos.

O corpo Astral interpenetra os corpos físico e etéreo, ultrapassando o limite deles; seu formato lembra um ovo. A energia gerada pelos sentimentos de ódio, vingança, maledicência, egoísmo e outros mais grosseiros se instala na parte inferior desse corpo, afinando a parte de cima. Ao contrário, os sentimentos de amor, devoção, harmonia ou caridade, por exemplo, depositam-se na parte superior, deixando mais pontuda a parte de baixo. Por isso, quando os clarividentes veem o corpo Astral de uma pessoa com a parte de cima mais fina, sabe-se que são os sentimentos mais grosseiros que predominam.

Também podemos identificar os tipos de sentimentos pela cor irradiada por esse corpo. As cores mais luminosas, delicadas, de maior frequência, são das emoções mais sublimes. Esse tipo de energia é mais duradouro e vai a uma maior distância. Já o oposto acontece com as emoções deletérias, de baixa vibração. Por isso, somos verdadeiros para o mundo oculto; não há máscaras, basta perceber as cores da aura do nosso corpo Astral para saber quem somos.

Durante o sono físico, o corpo Astral se desprende naturalmente do corpo físico e passa a funcionar como um veículo independente da consciência, embora ambos continuem ligados pelo chamado cordão de prata ou fio dourado – entramos no mundo dos sonhos, no qual fazemos a nossa viagem astral.

Após a morte do corpo físico, a vida continua no corpo Astral e, como a natureza não dá saltos, vamos para este mundo levando na bagagem todas as nossas virtudes e nossos defeitos, vivenciando as emoções com mais intensidade, porque não temos o cérebro físico para amortecer as vibrações vindas do astral. Exemplo disso é uma pessoa que faleceu com determinado vício e no Plano Astral fica com os desejos mais intensos da substância que causou o vício.

As principais funções do corpo Astral são: transformar as vibrações do plano físico em sensações; ser o corpo onde residem os sentimentos; ser a morada da consciência durante o sono físico e a morte; ser a ponte entre o corpo mental e o físico; armazenar as experiências astrais e transmiti-las ao corpo causal.

Sabemos que o corpo Astral tem seu peso específico, isto é, sentimentos e emoções grosseiros pesam mais que virtudes e sentimentos sublimes. Ao se libertar do corpo físico, o corpo Astral pode alçar voos a subplanos superiores no Astral ou cair ladeira abaixo, parando nos subplanos inferiores – umbral, abismo etc. Por isso, a transformação interna quando estamos encarnados. Quando conseguimos dominar e controlar certas emoções ou sentimentos mesquinhos, exercitar o amor, a compaixão, a alegria e outras virtudes, estamos, na realidade, preenchendo o nosso corpo Astral de energias sublimes bem mais perto do Pai.

Corpo Mental Inferior

Formado por partículas próprias dos quatro subplanos inferiores do plano mental e responsável pelos pensamentos concretos. O corpo mental inferior interpenetra os corpos físico, etéreo e astral, indo além. Tem o formato de um ovoide e, quanto mais evoluído o homem, maior o seu corpo mental.

Assim como ocorre com o corpo astral, o corpo mental abriga pensamentos mais elevados na parte superior do corpo e, na parte inferior, os pensamentos mais grosseiros, como egoísmo e ódio, entre outros. Como todo sentimento é acompanhado por um pensamento, as vibrações astro-mentais dão ao corpo mental o mesmo aspecto de ovoide do corpo astral, sendo o corpo mental maior que o corpo astral.

Quanto mais desenvolvido intelectualmente, mais brilhantes e de cores mais refinadas são as partículas desse corpo, dotadas de movimentos rápidos. Cada conhecimento adquirido pela pessoa formará no corpo mental um canal onde irá transitar a energia. Quanto mais estudos em determinado assunto, mais esse canal se amplia, formando uma trilha de fácil acesso intelectual. Por isso, a facilidade que algumas pessoas têm quando entram em contato com determinado assunto e assimilam-no facilmente, enquanto outras têm dificuldade. Eis o porquê de pessoas que têm mais facilidade em determinados ramos de conhecimentos humanos tão diversos, como Geografia, História, Matemática, Ciências, Arte etc.

Pensamentos repetitivos de preocupações, ressentimentos e mortificações resultam em regiões estagnadas do corpo mental, formando áreas de verdadeiras feridas mentais e dificultando a circulação de energia. Pessoas dotadas de tais pensamentos ficam prisioneiras das próprias ruminações mentais, resultando em muitas doenças psicossomáticas, além de serem campos férteis para atrações de entidades astrais, culminando em processos obsessivos.

O pensamento tem força, podendo chegar a grandes distâncias ou criar uma atmosfera psíquica capaz de influir no corpo mental de pessoas suscetíveis e ambientes. Quanto mais nítido, forte e constante o pensamento, maior seu poder de transmissão, e quanto mais elevado, maiores a frequência e a distância atingida. Por isso, a grande responsabilidade pelo que pensamos, pois poderá acrescentar energias salutares ao nosso corpo mental e, pelo seu poder, influenciar beneficamente tanto o ambiente como as pessoas, ou, então, disseminar ódio, rancor e destruição.

As principais funções do corpo mental inferior são: formar os pensamentos concretos; repassar as informações dos pensamentos concretos criados para o corpo físico através dos sistemas nervosos central e periférico; agregar forma às percepções provindas dos sentidos; sediar a memória e a imaginação; ser veículo da consciência no plano mental; ser um acumulador de experiências e responsável por transmiti-las ao corpo mental superior.

Chacras

Na dinâmica apométrica, o estudo dos chacras se faz necessário para a compreensão da origem dos desequilíbrios físico-emocionais do indivíduo, bem como para a sua harmonização.

Os chacras, centros de força ou energéticos, estão situados na superfície do corpo etéreo ou duplo etérico, tendo correspondência com alguns órgãos do corpo físico que estão, relativamente, próximos a eles. Quando o chacra está parado, lembra uma roda, e quando está ativo, seu giro e o colorido de suas pétalas lembram uma flor, a que os hindus denominam *lótus*.

Os chacras são interligados por finíssimos filamentos ou canais que lembram artérias. Esses canais etéricos – os nadis – entrecruzam o corpo etéreo em toda a sua extensão, conduzindo e distribuindo o prana, ou energia vital.

Cada chacra tem um ou vários subchacras, que são chamados de secundários, e uma correspondência com um órgão no corpo físico.

A principal função dos chacras é a absorção do prana, distribuindo, controlando e energizando os órgãos do corpo físico. Seu bom ou mau funcionamento influencia o indivíduo nos campos psicológico, emocional e espiritual.

Neste capítulo, faremos uma breve abordagem dos chacras, selecionando os principais. Para mais estudo e compreensão do tema, sugerimos pesquisar em bibliografia especializada.

Chacra básico, raiz ou genésico

Localiza-se na base da coluna vertebral, na região coccígea. Segundo os clarividentes, esse chacra – o mais primário de todos – compõe-se de quatro raios de cor predominantemente vermelha. Chacra vital por excelência, se ativado, isto é, energizado, acentua essa cor, que se torna cada vez mais viva.

Nesse chacra, tem sede uma energia chamada *fogo serpentino* ou *kundalini*, pela forma de serpente que toma ao subir ao longo do corpo para vitalizar os outros chacras. Trata-se de força vital primária que anima a vida encarnada; cada ser a recebe em quantidade compatível com suas características de frequência, amplitude e volume. Ao dinamizar os chacras mais elevados, a kundalini também lhes eleva a frequência de acordo com os níveis dos diversos planos vibratórios: etérico, astral, mental ou búdico.

É totalmente desaconselhável a ativação intempestiva do chacra básico, por presidir as funções genésicas mais primárias; qualquer desvio de sua função provoca grandes perigos e dissabores. Nunca se deve esquecer que essa poderosa energia está ligada às forças telúricas geradas pelo magnetismo do planeta.

O chacra básico está relacionado ao planeta Saturno e à forma de apresentação dos pretos velhos, à sabedoria simples das coisas da Terra.

Além disso, a confiança exagerada, a rigidez, a frieza e a negatividade incapacitante desarmonizam suas vibrações e repercutem no corpo físico pelo chacra básico. Quando essas energias estão vitalizadas, apresentam-se uniformemente numa cor laranja-amarelada, que indica um desenvolvimento espiritual de ordem elevada. Etericamente, têm conexão com todos os demais chacras, pois fluem da Terra e dos sítios vibracionais mais primários e selváticos da natureza do planeta, sendo o elemento terra a correspondência com as forças telúricas que são manipuladas para o bem ou para o mal, tornando-se muito perigosa a movimentação dessas forças energéticas por encarnados afoitos na arte da magia, pois podem facilmente virar instrumentos dos desmandos do Além por intermédio de espíritos maléficos.

O desequilíbrio do chacra básico ocasiona disfunções orgânicas quando vibramos no medo e na insegurança física, como:

• Medo de não ser capaz de suprir as necessidades da vida para si mesmo e para sua família;

• Sentimento de que o mundo externo é um local ameaçador e que se é incapaz de se sustentar por si mesmo ou de se proteger (não se trata apenas de proteção física; isso inclui o medo e a vulnerabilidade que acompanham violações dos direitos humanos ou a realidade de se encontrar numa situação sem direitos legais, quaisquer que sejam eles);

- Insegurança gerada pela sensação de que nenhum lugar é a "sua casa", de que não "pertence" a lugar algum;
- Medo que se origina do fato de não ser capaz de acreditar que pode atingir suas metas;
- Sensação de que só tem a si mesmo, sem o apoio de ninguém e completamente sozinho neste mundo.

Chacra Umbilical

O chacra umbilical, também conhecido como gástrico ou plexo solar, está situado no centro do abdome, com vórtices para as regiões anterior e posterior. Seu nome em sânscrito é *manipura* (cidade das joias). Seu elemento é o fogo, e suas cores vibratórias são o amarelo e o laranja. Na Umbanda, corresponde à vibração de Ogum.

Possui dez pétalas ou pás e funciona como receptor e emissor de energias. É atuante nos órgãos do abdome, como fígado, intestinos, rins e demais órgãos (com exceção do baço). Esse centro absorve da atmosfera para o corpo físico os elementos que vitalizam todo o sistema digestivo, para ajudar na assimilação e no metabolismo alimentar, bem como controla todo o sistema vagossimpático, governado pelo plexo solar.

Atua sobre as emoções e a sensibilidade como ponto de impacto das agressões emotivas nos planos físico e extrafísico. Quando desenvolvido, aumenta a percepção das sensações alheias, pois adquire uma espécie de tato instintivo ou sensibilidade astral, que o faz perceber as emanações hostis existentes no ambiente, bem como as vibrações afetivas que pairam no ar.

É o chacra da autoexpressão e está relacionado ao nosso ego e à personalidade. Representa a nossa relação com a vontade e o poder, sendo reconhecido como o centro desses dois fatores. É o chacra regulador das nossas vontades de saber, aprender e comunicar.

Desequilíbrios nesse chacra podem gerar sentimentos de inferioridade, medo, posse, ambição desmedida, raiva, inveja e ansiedade.

Já o chacra equilibrado promove forte autoconfiança, que independe do exterior.

As disfunções mais comuns criadas pelo desequilíbrio desse chacra são: artrite; úlceras e todos os problemas relacionados com o estômago; problemas intestinais e no cólon, incluindo câncer, pancreatite, diabetes e câncer no pâncreas; problemas de rins, também relacionado com o segundo chacra; problemas de fígado, incluindo hepatite; problemas de vesícula; disfunções nas glândulas suprarrenais; indigestão crônica ou aguda; anorexia e bulimia; náuseas; gripe.

É muito sensível às influências do Astral em seus níveis inferiores. Por ele, operam as ligações, por fio fluídico de espíritos sofredores e obsessores nas sessões mediúnicas. Quando se une o fio de matéria Astral entre o chacra umbilical do médium e o seu correspondente na entidade espiritual que irá se manifestar, o médium passa a sentir, de imediato, todo o conjunto de sensações do desencarnado, como dor pelo corpo, falta de ar, tristeza, vontade de chorar, aflição, raiva, frio ou calor etc. Essas sensações se refletem no cérebro e são pensadas ou expressas verbalmente pelo espírito comunicante, acontecendo, então, a comunicação.

Da mesma maneira que o médium sente e externa as necessidades da entidade espiritual, a calma e o equilíbrio do encarnado se escoam através do mesmo fio de ligação para o desencarnado em desequilíbrio, levando-lhe calma e esclarecimentos, bem como despertando-o para o seu real estado de desencarnado, quando então entra em contato com as entidades socorristas que o encaminham, segundo as suas necessidades. Nessas sessões de caridade, esse chacra é o mais importante.

Chacra Esplênico

Localizado sobre o baço, no lado esquerdo do corpo físico, regula a circulação dos elementos vitais e influi na intensidade da aura. Considerado o chacra da vida vegetativa, compõe-se de sete raios, possuindo um colorido variável e mais brilhante que o chacra básico. Tem muita importância nos fenômenos mediúnicos, pois é por meio de seu campo magnético que os espíritos incorporam nos médiuns.

Essa localização do chacra esplênico – "em cima" do baço, no quadrante superior esquerdo do abdome, atrás e abaixo do estômago – é responsável pela entrada, nos complexos físico, etérico e astral, da energia prânica ou etérica. Relaciona-se com a parte metabólica do ectoplasma que ocorre no corpo etéreo e também nos casos de vampirizações fluídicas, já que o ectoplasma é intensamente disputado pelas organizações trevosas do Astral Inferior, principalmente nos processos obsessivos de aluguel, em que prestam seus "serviços" aos contratantes encarnados e aos mandantes do plano terreno, médiuns das sombras.

No início do desenvolvimento mediúnico do ser humano, as comunicações entre encarnados e desencarnados eram feitas somente através do chacra esplênico – eram mais materiais: mesas girantes, inconscientes. Com o estudo e a evolução, a comunicação evoluiu para o chacra umeral (entre o ombro direito e a nuca), sendo as comunicações mais mentais e conscientes. Hoje se percebe que as comunicações estão sendo realizadas pelo chacra alter máster (na nuca, onde se juntam todos os cordões fluídicos para a ligação com a espiritualidade maior), sempre dependendo da reforma íntima e da educação mediúnica do médium.

Os médiuns, sobretudo os umbandistas, são obstinadamente assediados, pois a maioria produz, de forma abundante, o ectoplasma pelo afastamento natural do corpo etéreo, que fica desalinhado do conjunto físico, Astral e mental; a abertura é muito sensível e produz ininterruptamente grande quantidade de fluido animal.

A intermediação feita pelo corpo etéreo posicionado entre o corpo Astral e o físico tem função vitalizadora e é responsável pelo metabolismo do ectoplasma e do complexo fisiológico do homem. Apresenta as correspondências vibracionais com o planeta Vênus e o Orixá Oxossi, que é a vibração que interfere nos males físicos e psíquicos, regulando as energias eólicas e os elementos expansivos da natureza. Nesse caso, o chacra esplênico é o que tem mais intimidade com o corpo etéreo por sua função vitalizadora do organismo e por "regular" a entrada do prana que paira no ar terrestre. Os silvícolas e os caboclos que atuam na magia de Oxossi manipulam essas energias, que são adicionadas ao ectoplama com a finalidade de cura.

Chacra Cardíaco

O chacra cardíaco, também conhecido como chacra do coração ou, ainda, anahata, é encontrado na altura do coração, à esquerda para cima. Materialmente, esse chacra tem relação com o plexo cardíaco, e sua energia de origem primária está subdividida em doze raios.

Esse centro energético tem como responsabilidade o equilíbrio, já que realiza a comunicação e o controle da emotividade. Ele permite o fluxo das informações dos sentimentos e das emoções, fazendo o intercâmbio entre as energias etéreas e físicas. Sua função física é coordenar o sistema sanguíneo, e sua função etérea é administrar o sistema prânico, que é composto pelos canais que conduzem a energia absorvida em fontes sutis e é chamada de energia prânica.

O prana está em toda a natureza: na água, no ar, na terra e no fogo; ele é a parte da vida não visível, cuja vibração é puramente divina. Entra no nosso organismo por meio dos raios solares, da água doce e salgada, da terra, das rochas, dos cristais, da respiração, das plantas.

O chacra cardíaco tem grande influência sobre a glândula timo, que é atuante durante a infância e vai diminuindo na vida adulta. O timo se localiza na altura do coração, no meio do peito, e fica protegido pelo osso externo. Ao ativá-lo pelas práticas de absorção prânica, é possível restabelecer parte da pureza e da inocência presentes na infância do ser.

Uma alma que está sempre irrigando o seu corpo com energias de baixa vibração, como pensamentos vingativos, ressentimentos etc., abala a estrutura defensiva do sistema imunológico e, como resultado, fica suscetível a infecções.

O chacra cardíaco, por ser o intermediário entre equilíbrio e emoções, gera a capacidade de doar e receber amor; é responsável pela confiança e entrega a Deus.

A tolerância é um sentimento desenvolvido pelo timo. O chacra cardíaco localiza-se na divisão entre os chacras espirituais e os físicos (materiais); ele direciona a consciência espiritual para o material.

É por ele que o médium é atraído por um mentor e é chamado a servir. Esse chacra dá propósito e sentido à vida e, para manter esse centro equilibrado, é necessário acalmar o ego, manter atitudes equilibradas e adquirir o controle sobre o processo da respiração.

As vibrações que ajudam a curar o coração são a compaixão, a ternura, a ligação ao amor divino, o desapego, entre outros sentimentos de valor elevado.

Exercer o perdão é condição essencial para a cura da alma, porque os sentimentos e as emoções são gerados no coração do homem.

Chacra Laríngeo

Significa "o purificador" ou "centro da pureza", por reger a tireoide. Em um diálogo, ele tem a função de purificar o que recebemos antes de emitir, ou seja, as energias são purificadas antes de serem emanadas, havendo, assim, melhor comunicação. Diz-se também que o indivíduo que alcança o conhecimento mediante a concentração constante nesse chacra se eleva e se purifica de todos os seus carmas.

É o primeiro dos três chacras superiores (laríngeo, frontal e coronário) e se relaciona com a expressão transpessoal, com o eu superior, o espírito e a alma. Quando os três chacras superiores se mostram desenvolvidos e equilibrados, costuma-se ter uma percepção mais apurada da necessidade de servir à humanidade, sem viver em isolamento; serviços prestados à coletividade tornam-se uma parte necessária e intrínseca do desenvolvimento e da percepção da pessoa. Quando das comunicações de mentores, os corpos mentais do médium e do espírito comunicante se encontram, tornando possível o repasse da mensagem por meio de palavras. Se houver uma interação ainda maior, envolvendo os chacras cardíaco e frontal, as comunicações serão muito mais claras e precisas.

Está situado no centro da garganta; rege as cordas vocais, a tireoide, a garganta, a boca, o nariz e os ouvidos, além do plexo nervoso, como gânglios, cervicais e medula, e dos sistemas fisiológico, respiratório e endócrino.

Está ligado a: inspiração, comunicação, expressão com o mundo, consciências e crenças (no que você acredita e se apega).

O chacra laríngeo equilibrado nos dá sensibilidade e criatividade artística, dom da palavra, do conhecimento, de expressar a alma e a individualidade única, interpretação da sabedoria do coração, clariaudiência, clarividência, intelecto claro e preciso, independência, justiça imparcial, idealização, entendimento, construção sábia a partir da fala, senso de planejamento, força de vontade, capacidade de tomar decisões, facilita nossa comunicação não só com as pessoas, mas também conosco, além de aumentar a nossa percepção no sentido de comunicação telepática.

Quando em desequilíbrio emocional, esse chacra pode ocasionar dificuldade de comunicação e expressão, ansiedade, sensação de vazio, gagueira, tagarelice, má intenção, manipulação intelectual, mentalidade e expressão tacanha e rude, pobreza de espírito, temperamento rançoso com julgamentos críticos, preconceitos, irreverência, deboche, depreciação dos sentimentos, atitudes extremamente racionais e orgulho do poder de expressão. Já quando em desequilíbrio físico, ocasiona doenças da garganta, asma, alergias, anemia, fadiga, tosse, laringite, faringite, problemas de tireoide e paratireoide, doenças mentais, depressão, problemas de coluna cervical, de dentes, distúrbios da fala, calo das cordas vocais, falta de criatividade, covardia, timidez, doenças nervosas e fobias.

A cor predominante desse chacra é o azul-celeste, que atua como tranquilizante na aura, regenera as células, equilibra a pressão sanguínea e elimina a raiva, a hostilidade e o ressentimento.

Chacra Frontal

Está localizado na fronte, entre as sobrancelhas, e compõe-se de 48 raios, divididos em duas porções. Também é denominado "o terceiro olho" ou "o olho da sabedoria", já que é reconhecido como a porta de entrada da sabedoria mais elevada e da intuição. O cérebro, os ouvidos, o nariz e as glândulas pineal e pituitária são as regiões físicas do corpo alimentadas pela energia desse chacra. Essa energia ajuda na aprendizagem e no desenvolvimento da inteligência e da capacidade de raciocínio. É considerado o chacra da espiritualidade superior. Na Umbanda, corresponde à vibração de Yemanjá.

Sua desorganização se dá nos medos e nos padrões de comportamento negativos, contaminando a energia do sexto chacra. Alguns desequilíbrios com base no medo são: medo de olhar para dentro de si mesmo ou da autoanálise e da introspecção; medo de suas próprias habilidades intuitivas, que dão origem a bloqueios à sensibilidade interior; uso inadequado do poder intelectual, como na criação de algo prejudicial à vida ou em atos deliberados de fraude; medo que resulta da crença de que se é intelectualmente inadequado; ciúme e insegurança com relação à capacidade criativa de outra pessoa; má vontade ou recusa em aprender com as experiências da vida, levando a culpar constantemente outras pessoas por tudo o que acontece de errado em sua própria vida; comportamento paranoico; etc.

As disfunções físicas presentes da desorganização desse chacra são: tumores e hemorragias cerebrais, bem como coágulos de sangue no cérebro; problemas neurológicos; cegueira; surdez; ansiedade ou nervosismo; colapso nervoso; coma; depressão; esquizofrenia; ataques epilépticos; demais formas de disfunções emocionais e mentais; dificuldade no aprendizado.

Enfim, o chacra frontal em desequilíbrio produz efeitos nos estados psicológicos e emocionais dos indivíduos, causando sérios transtornos nos casos de mediunidade reprimida ou não educada.

Chacra Coronário

O chacra coronário também é conhecido como o sétimo chacra, chacra da coroa – o *lótus das mil pétalas*.

Situa-se no topo da cabeça, bem no centro. Relaciona-se com a glândula pineal (epífise) e está diretamente ligado à espiritualidade, ao contato com o eu superior, às canalizações e à meditação. Fisicamente, rege nossa cabeça e o sistema nervoso central. É por meio dele que somos envolvidos por energias de transmutação, purificação e espiritualidade.

Esse chacra recebe primeiro os estímulos do espírito. É o elo, a ponte entre a mente do perispírito e o cérebro físico, o responsável pela sede da consciência do espírito encarnado.

Quando desenvolvido, mantém todos os demais em pleno equilíbrio, e isso só deve acontecer com controle moral, intelectual e espiritual. Comanda os demais chacras, embora eles vibrem interdependentes. É o centro de forças mais importante do ser humano, de maior potencial e radiações.

A energia vital que doamos e é distribuída pelos centros de forças vem do fluido cósmico universal. Ao ser absorvido, ele é metabolizado pelo centro coronário em fluido espiritual, uma energia vitalizadora, imprescindível para a dinâmica do nosso corpo físico, para os nossos sentimentos, emoções e pensamentos. Após a metabolização, essa energia circula pelos outros centros de força e é canalizada através da rede nervosa (plexos) para todo o organismo, com maior ou menor intensidade, de acordo com o estado emocional da criatura, porque eles estão subordinados às impulsões da mente. Suas cores são o violeta e o branco, em conexão com todos os elementos.

Esse chacra tem a função de proteger e coordenar os outros centros de energia. Quando está bloqueado ou quando seus movimentos estão desordenados, há reflexos nos outros centros de vibração, mais notadamente no sexto e no primeiro chacras.

O chacra coronário regula as capacidades já presentes na alma, acumuladas durante sucessivas encarnações. É por meio dele que podemos realizar contato com o plano espiritual. Relaciona-se à intuição. Todas as comunicações com as entidades espirituais dependem, portanto, da harmonia das funções desse centro de energia.

Uma boa condição do sétimo chacra permite que o ser humano realize a transmutação alquímica da alma, que consiste em alterar a negatividade, substituindo-a por uma qualidade positiva oposta. Assim, é pela influência desse centro de energia que o orgulho transmuta-se em humildade, a avareza em altruísmo, a luxúria em castidade, a cólera em amor, a preguiça em diligência, a gula em temperança, a inveja em alegria pelo bem-estar do semelhante etc.

A fé é outro atributo do sétimo chacra. Equilibrado, torna a pessoa centralizada, com o corpo físico bem estabelecido no mundo material.

Em resumo, esse é o chacra do grande poder espiritual!

Por que, sendo um centro de energia tão poderoso, fica à mercê das desordens, anulando suas magníficas funções? A resposta está no próprio ser humano. É ele, por várias ações e emoções, que desorganiza o seu sistema energético, na maioria das vezes.

Capítulo 3

LEIS
APOMÉTRICAS

Leis e técnicas

A Apometria está alicerçada em leis e técnicas pesquisadas e praticadas pelo Dr. Lacerda e seu grupo mediúnico na Casa do Jardim, inicialmente localizada no Hospital Espírita de Porto Alegre. Hoje, essas leis e procedimentos continuam a orientar e disciplinar os diversos grupos apométricos nas suas ações caritativas, sempre com amor e ética. Citaremos cada lei e seu enunciado com uma breve explicação e após relacionaremos as principais técnicas.

1ª lei: Desdobramento espiritual

Toda vez que, em situação experimental ou normal, dermos uma ordem de comando a qualquer criatura humana, visando à separação de seu corpo espiritual – corpo Astral – de seu corpo físico, e, ao mesmo tempo, projetarmos sobre ela pulsos energéticos através de uma contagem lenta, dar-se-á o desdobramento completo dessa criatura, conservando ela sua consciência.

Técnica

Esta é a lei em que se baseia toda a Apometria. No campo dos fenômenos anímicos, a técnica de sua aplicação representa verdadeira descoberta. Ela possibilita explorar e investigar o Plano Astral com bastante facilidade. Não dá condições, claro, de nos aprofundarmos até abismos trevosos do interior do planeta nem nos permite a ascensão a píncaros espirituais, mas, com ela, podemos assistir os desencarnados na erraticidade, com vantagens inestimáveis para eles e para os encarnados que sofrem as obsessões.

A técnica é simples. Com o comando, emitem-se impulsos energéticos por meio da contagem em voz alta de 1 a 7 e, se necessário, até 14.

2ª lei: Acoplamento físico

Toda vez que se der um comando para que se reintegre no corpo físico o espírito de uma pessoa desdobrada (o comando, se acompanhado de contagem progressiva), dar-se-á o imediato e completo acoplamento no corpo físico.

Técnica

Se o espírito da pessoa desdobrada estiver longe do corpo, comanda-se primeiro sua volta para perto do corpo físico. Depois, projetam-se impulsos ou pulsos energéticos pela contagem, ao mesmo tempo em que se comanda a reintegração no corpo físico.

Caso não seja completa a reintegração, a pessoa sente tontura, mal-estar ou sensação de vazio, que poderá durar algumas horas. Via de regra, há reintegração espontânea e em poucos minutos, mesmo sem comando. Não existe o perigo de alguém permanecer desdobrado, pois o corpo físico exerce atração automática sobre o corpo astral. Apesar disso, não se deve deixar uma pessoa desdobrada ou mesmo mal acoplada para evitar a ocorrência de indisposições de qualquer natureza, ainda que passageiras.

Assim, ao menor sintoma de que o acoplamento não tenha sido perfeito, ou mesmo que se suspeite disso, convém repetir o comando de acoplamento e fazer nova contagem.

3ª lei: Ação a distância pelo espírito desdobrado

Toda vez que se ordenar ao espírito desdobrado do médium uma visita a lugar distante, fazendo com que esse comando se acompanhe de pulsos energéticos por meio de contagem pausada, o espírito desdobrado obedecerá à ordem, conservando sua consciência e tendo percepção clara e completa do ambiente (espiritual ou não) para onde foi enviado.

Técnica

Ordena-se ao médium com clarividência e desdobrado a visita a determinado lugar, ao mesmo tempo em que se emite energia com contagem lenta. Ele se desloca seguindo os pulsos da contagem, até atingir o local estabelecido. Como permanece com a visão psíquica, transmite, de lá, descrições fiéis de ambientes físicos e espirituais, nestes últimos se incluindo a eventual ação de espíritos sobre o encarnado.

Esse tipo de desdobramento exige certos cuidados com o corpo físico do médium, que deve ficar em repouso – evitando-se até mesmo que seja tocado.

4ª lei: Formação dos campos de força

Toda vez que mentalizamos a formação de uma barreira magnética, por impulsos energéticos por meio de contagem, serão formados campos de força de natureza magnética, circunscrevendo a região espacial visada na forma que o operador imaginou.

Técnica

Mentalizamos fortemente uma barreira magnética e projetamos energias para sua concretização, pela contagem até 7. Forma-se um campo de força simples, duplo ou triplo e com frequências diferentes, conforme desejarmos. A densidade desses campos é proporcional à força mental que os gerou. Costumamos empregar esta técnica para proteger ambientes de trabalho e, principalmente, para a contenção de espíritos rebeldes.

5ª lei: Revitalização dos médiuns

Toda vez que tocarmos o corpo do médium (cabeça ou mãos), mentalizando a transferência de nossa força vital, acompanhando-a de contagem de pulsos, essa energia será transferida. O médium começará a recebê-la, sentindo-se revitalizado.

Técnica

Pensamos fortemente na transferência de energia vital do nosso corpo físico para o organismo físico do médium. Em seguida, tomamos as mãos do médium ou colocamos nossas mãos sobre sua cabeça, fazendo uma contagem lenta.

A cada número pronunciado, uma massa de energia vital – oriunda do nosso próprio metabolismo – é transferida do nosso corpo para o médium. Usamos essa técnica, habitualmente, depois de passes magnéticos em pacientes muito desvitalizados.

6ª lei: Condução do espírito desdobrado

Espíritos desdobrados de pacientes encarnados, só podem subir a planos superiores, em hospital do Astral, se estiverem livres de peias magnéticas.

Técnica

É comum desdobrar-se um paciente a fim de conduzi-lo ao hospital no Plano Astral para tratamento e encontrá-lo, já fora do corpo, completamente envolvido em sudários aderidos ao seu corpo astral, laços, amarras e toda a sorte de peias de natureza magnética, colocadas por obsessores interessados em prejudicá-lo. Nesses casos, é necessária uma limpeza perfeita do corpo Astral do paciente, o que pode ser feito, e de modo muito rápido, pelos espíritos dos médiuns desdobrados. Se estes não puderem desfazer os nós ou não conseguirem retirar esses incômodos obstáculos, o trabalho será feito pelos socorristas que nos assistem.

7ª lei: Ação dos espíritos desencarnados socorristas

Espíritos socorristas agem com muito mais facilidade sobre os enfermos se estes estiverem desdobrados, pois, dessa forma, uns e outros se encontram na mesma dimensão espacial.

Técnica

Estando os pacientes no mesmo universo dimensional dos espíritos protetores (médicos, técnicos e outros trabalhadores), estes agem com muito mais profundidade e rapidez. Os diagnósticos tendem a ser mais precisos e as operações cirúrgicas astrais também são facilitadas, pois quase sempre o espírito do paciente é conduzido a hospitais do Astral, que dispõem de abundante equipamento, recursos altamente especializados com emprego de técnicas médicas muito aperfeiçoadas.

8ª lei: Ajustamento de sintonia vibratória

Pode-se fazer a ligação vibratória de espíritos desencarnados com médiuns ou entre espíritos desencarnados, bem como sintonizar esses espíritos com o meio onde forem colocados, para que percebam e sintam nitidamente a situação vibratória desses ambientes.

Técnica

Quando se quiser entrar em contato com um desencarnado de nível vibratório compatível com o nosso estado evolutivo, presente no ambiente, projeta-se energia em forma de pulsos rítmicos, ao mesmo tempo em que se comanda a ligação psíquica.

9ª lei: Deslocamento de um espírito no espaço e tempo

Se ordenarmos a um espírito incorporado a volta a determinada época do passado, acompanhando-a de emissão de pulsos energéticos por meio de contagem, ele retorna no tempo à época do passado que lhe foi determinada.

Técnica

Costumamos fazer o espírito regressar ao passado para mostrar-lhe suas vivências, vítimas, conduta cruel e eventos anteriores à existência atual, a fim de esclarecê-lo sobre as leis da vida.

Há ocasiões em que temos de mostrar as injunções divinas que o obrigam a viver em companhia de desafetos, para que haja harmonização com ele, além de consequências benéficas à sua evolução.

10ª lei: Dissociação do espaço-tempo

Se, por aceleração do fator tempo, colocarmos no futuro um espírito incorporado, sob comando de pulsos energéticos, ele sofre um salto quântico, caindo em região Astral compatível com seu campo vibratório e peso específico cármico, ficando imediatamente sob a ação de toda a energia cármica de que é portador.

Técnica

Em trabalhos de desobsessão, as circunstâncias muitas vezes fazem ser necessário levar espíritos rebeldes a confrontar-se com situações constrangedoras do passado ou do futuro, a fim de esclarecê-los. O desencarnado é levado ao passado para esclarecimento quanto à origem do conflito. Muitas vezes, a vítima de hoje foi o criador e algoz de ontem, podendo os papéis se inverterem a cada encarnação, ora vítima, ora algoz, precisando que um dos envolvidos quebre os elos dessa corrente de muitos anos de ódio.

Acontece, também, de irmãos revoltados e vibrados no ódio, para porem um fim nessa caminhada de destruição, serem levados ao futuro para ver como ficará seu perispírito se continuarem agindo contra as leis maiores. O desencarnado é levado, num salto quântico, ao futuro, onde a carga cármica a resgatar ficará acumulada, toda ela e de uma só vez sobre o espírito, passando uma sensação de horrível opressão.

O grupo se utiliza desse momento para passar o ultimato, devendo haver uma mudança imediata no modo de agir no presente para que o futuro não seja tão tenebroso.

Esta técnica é utilizada em desencarnados vibrando só na maldade, visando ao esclarecimento. Porém, é preciso cuidado! Da mesma forma que levamos o desencarnado ao futuro, onde há um acúmulo da sua carga cármica, devemos trazê-lo lentamente ao presente, para não haver destruição do seu perispírito, transformando-o em ovoide.

11ª lei: Ação telúrica

Sobre os espíritos desencarnados que evitam a reencarnação. Toda vez que um espírito desencarnado possuidor de mente e inteligência bastante fortes consegue resistir à lei da reencarnação, sustando sua aplicação nele próprio, por largos períodos de tempo, para atender a interesses mesquinhos de poder e domínio de seres desencarnados e encarnados, começa a sofrer a atração da massa magnética planetária com apoucamento do padrão vibratório, porque o planeta exerce sobre ele uma ação destrutiva, deformante, que deteriora a forma do espírito e de tudo o que o cerca, em degradação lenta e inexorável.

Técnica

Quando um ser humano se atira a variados crimes, perversões e vícios, de modo a retroceder alguns degraus na evolução, sabe-se que ele sentirá, ao desencarnar, todo o fardo das consequências. Seu espírito tomará a forma adequada ao meio que ele próprio se construiu: terá um corpo Astral degradado, disforme, monstruoso.

12ª lei: Choque do tempo

Toda vez que levarmos ao passado um espírito desencarnado e incorporado em um médium, ele fica sujeito a outra equação de tempo. Nessa situação, cessa o desenrolar da sequência do tempo tal como o conhecemos, ficando o fenômeno temporal atual (presente) sobreposto ao passado.

O deslocamento cria tensão de energia potencial entre a situação presente e os deslocamentos para o passado. Enquanto o espírito permanecer incorporado ao médium, nada lhe acontece; apenas passa a viver e vislumbrar a nova situação ambiental que lhe foi imposta. No entanto, se for bruscamente desligado do médium, sai do campo de proteção do mediador e fica como que solto na outra dimensão espaçotemporal. Recebe em cheio, então, a energia potencial criada pelo deslocamento.

Essa energia é forte a ponto de destruir sua estrutura Astral com o choque que se produz e ele se reduz a ovoide, vestido apenas por suas estruturas espirituais superiores: corpos átmico, búdico e mental superior. Para que um espírito não sofra tal agressão quando submetido a tratamentos no passado, é necessário trazê-lo lentamente de volta ao presente, pela contagem regressiva.

Técnica
Emprego de pulsos energéticos por meio de contagem.

13ª lei: Influência dos espíritos desencarnados

Espíritos desencarnados, em sofrimento, vivendo ainda no passado, sobre o presente dos doentes obsediados – bolsões de passado.

Enquanto houver espíritos em sofrimento no passado de um obsediado, tratamentos de desobsessão não terão pleno êxito, continuando o enfermo encarnado com períodos de melhora seguidos por outros de profunda depressão ou agitação psicomotora.

Técnica

Quando o enfermo encarnado recebe o alívio que se segue ao afastamento dos espíritos mais próximos – os que estão na atual encarnação –, esse alívio não se consolida, porque as faixas vibratórias de baixa frequência oriundas do passado refluem e se tornam presentes, por ressonância vibratória.

Com as informações da espiritualidade, limpam-se as faixas do passado que agravam o desequilíbrio atual dos espíritos enfermos, dementados e torturados recolhidos para o presente, onde são tratados, alimentados, têm refeitos seus corpos e são levados ao hospital no Astral, que assiste o grupo para tratamento eficiente.

Técnicas apométricas

A aplicação da Apometria dá-se por meio de técnicas, algumas consolidadas pelo Dr. Lacerda e adaptadas pelos grupos apométricos, e outras particularizadas por cada grupo e repassadas pela espiritualidade, sempre objetivando o bem-estar dos encarnados e desencarnados.

A seguir, relacionaremos as técnicas básicas de Apometria.

Desdobramento

É a aplicação da primeira lei da Apometria, a lei do desdobramento espiritual, cuja técnica é simples.

Com o comando, emitem-se pulsos energéticos por meio de contagem em voz alta – tantos e tantos números quantos forem necessários. De modo geral, bastam sete – ou seja, contagem de 1 a 7.

Com essa técnica, obteremos a separação do corpo Astral de qualquer criatura humana de seu corpo físico. Assim, podemos assistir os desencarnados na erraticidade, com vantagens inestimáveis tanto para eles como para os encarnados que lhes sofrem as obsessões.

Com o auxílio desta técnica, os corpos espirituais de encarnados também podem ser incorporados em médiuns, de modo a serem tratados espiritualmente, inclusive serem enviados a hospitais astrais para tratamento.

Acoplamento do Espírito Desdobrado

É a aplicação da segunda lei da Apometria, a lei do acoplamento físico. Se o espírito da pessoa desdobrada estiver longe do corpo, comanda-se primeiramente a sua volta para perto do corpo físico.

Em seguida, projetam-se impulsos ou pulsos energéticos, por meio de contagem, ao mesmo tempo em que se comanda a reintegração no corpo físico. Via de regra, há reintegração espontânea em poucos minutos, mesmo sem comando. Não existe o perigo de alguém permanecer desdobrado, pois o corpo físico exerce atração automática sobre o corpo astral. Apesar disso, não se deve deixar uma pessoa desdobrada ou mesmo mal acoplada, para que não ocorram indisposições de qualquer natureza, ainda que passageiras. Assim, ao menor sintoma de que o acoplamento não tenha sido perfeito, ou mesmo que se suspeite disso, convém repetir o comando de acoplamento e fazer nova contagem.

Dialimetria – Eteriatria

O médium mentalizará, nas contagem de 1 a 7, que seja desfeita a coesão molecular dos tecidos etéricos. Esse afrouxamento das moléculas etéricas e astrais deixará a região do corpo menos densa, possibilitando o acesso de energias medicamentosas colocadas pela espiritualidade, fluindo com mais facilidade, sem bloqueios ou aglutinação energética.

Então, a dialimetria consiste na fixação mental do médium-operador na região física onde se localiza o desequilíbrio, para que a sua contraparte etérica sofra mudança de contextura, favorecendo a intervenção dos médicos desencarnados. Os médicos imediatamente se valem da nova situação para intervir mais profunda e facilmente no corpo Astral e mesmo no etéreo, tratando-os.

Pneumiatria

Esta técnica é utilizada raramente, sendo indicada para casos difíceis de depressão, o encontro do sofredor consigo mesmo numa vibração de pura felicidade.

Temos o Cristo Interno que podemos acessar conscientemente pela ética, pelo bom proceder e pelo amor incondicional. É o caminho que nos levará de volta ao Pai. Mas, em determinadas ocasiões, estamos perdidos, sentindo-nos excluídos do amor do Criador e sem fé, necessitando que se faça o *religare* com o Cristo Interno.

Esta técnica consiste sempre em contagens pausadas e prolongadas, indo até 21 ou 33, elevando o padrão vibratório do ser encarnado ou desencarnado, projetando sobre ele um campo muito intenso de energias luminosas, sobre a sua cabeça, arrebatando-o aos planos crísticos dentro dele próprio. O espírito será envolvido por energias de paz, de amor incondicional, nunca vividas, enfim, de indizível felicidade, que só será alcançada ao longo da caminhada evolutiva.

Nesse momento, o médium-operador aproveitará o momento para doutriná-lo, isto é, fixar frases positivas. É um dos momentos mais bonitos do trabalho apométrico. Ocorre pela ação incondicional de amor do médium, mentalizando energias puras de felicidade, direcionadas e potencializadas pelos amigos espirituais, que, por efeito de franjas, envolverá a todos do grupo.

Após ter passado a mensagem, cujas palavras passam a ter uma significação iluminada, faça-se o retorno ao seu estado vibratório normal, ficando gravado um vislumbre da meta e do rumo a ser tomado a partir de então.

Esta técnica não pode ser usada em espíritos que vibram na vingança e na perversidade, nem em perseguidores contumazes e obsessores ferrenhos ou espíritos ligados a interesses materiais.

Despolarização dos Estímulos da Memória

Toda vez que aplicarmos energias específicas de natureza magnética na área cerebral de um espírito encarnado ou desencarnado, com a finalidade de anularmos os estímulos eletromagnéticos registrados nos "bancos da memória", os estímulos serão apagados por efeito de despolarização magnética neuronal e o paciente esquecerá o evento relativo aos estímulos.

Esta técnica ajuda na harmonização dos desequilíbrios psíquicos/emocionais cuja origem está no passado longínquo, potencializados por espíritos desencarnados sofredores e obsessores, agravando todo o quadro.

Localizando o fato desencadeante, sempre com o auxílio dos abnegados espíritos do hospital que dá suporte ao grupo, e colocando as mãos espalmadas, com os braços paralelos, nas laterais da cabeça, ao longo dos hemisférios cerebrais, comandamos um forte pulso energético, contando: UM! Em seguida, trocamos a posição das mãos, de modo que fiquem nos hemisférios opostos aos de antes, cruzando os braços na altura dos antebraços, e projetamos outro pulso magnético, contando: DOIS! Voltamos à posição anterior e contamos: TRÊS! E assim por diante, sempre trocando a posição das mãos, até sete pulsos. A troca da posição das mãos é necessária. Cada mão representa um polo magnético, que deve ser invertido. Ao término da contagem, traga-o, fixando no presente, apagando todos os resquícios de ligações psíquicas e emocionais com o fato.

Cada contagem até sete é uma faixa de despolarização.

Antes de trazer o despolarizado de volta da encarnação em que se situou, costumamos impregnar seu cérebro, magneticamente, com ideias amoráveis, altruísticas, fraternas etc., fixando no presente com quadros ou vivências de alegria, amor e felicidade.

Técnicas de Sintonia Psíquica com os Espíritos

A técnica, ditada pela oitava lei da Apometria, é a seguinte: quando se quiser entrar em contato com um desencarnado de nível vibratório compatível com o nosso estado evolutivo, presente no ambiente, projeta-se energia em forma de pulsos rítmicos, ao mesmo tempo em que se comanda a ligação psíquica.

Por meio desta técnica se estabelece a sintonia vibratória entre o sensitivo e o desencarnado, facilitando grandemente a comunicação. Ela abre um canal sintônico entre a frequência fundamental do médium e a do espírito.

Se o espírito visitante tiver um padrão vibratório muito baixo ou se estiver sofrendo muito, o médium baixa a sua tônica vibratória ao nível da entidade e fica nessa situação até que ela se retire. Tão logo aconteça a desincorporação, devemos elevar o padrão vibratório do médium. Se isso não for feito, o sensitivo ficará ainda por algum tempo sofrendo as limitações que o espírito tinha, manifestando sensações de angústia, opressão, mal-estar etc., em tudo semelhante às da entidade manifestada.

Incorporação entre Vivos

Por meio da técnica de desdobramento espiritual, os corpos espirituais do paciente encarnado poderão ser incorporados em médiuns de incorporação, comandando-se o desdobramento do paciente e sintonizando-o no médium. Esta técnica é usada em atendimentos a distância, em que o médium sensitivo passará ao grupo o estado psíquico-físico-emocional do atendido.

Após o auxílio necessário, é desfeita a sintonia no médium.

Regressão no Espaço-Tempo

Esta é a nona lei da Apometria, a lei do deslocamento de um espírito no espaço e no tempo.

Costumamos fazer o espírito regressar ao passado para mostrar-lhe suas vivências, suas vítimas, sua conduta cruel e outros eventos anteriores à existência atual, com o objetivo de esclarecê-lo sobre as leis da vida. Há ocasiões em que temos de lhe mostrar as injunções divinas que o obrigam a viver em companhia de desafetos para que aconteça a harmonização com eles, além de outras consequências benéficas à sua evolução.

Técnica de Revitalização dos Médiuns

É a quinta lei da Apometria, a revitalização dos médiuns. Pensamos na transferência de energia vital do nosso corpo físico para o organismo físico do médium. Depois, tomamos as mãos do médium ou colocamos as nossas sobre sua cabeça, fazendo uma contagem lenta.

A cada número pronunciado, uma massa de energia vital, oriunda do nosso próprio metabolismo, é transferida do nosso corpo para o médium. Usamos essa técnica depois de incorporações de sofredores ou obsessores, quando é dispensada muita energia.

Impregnação Magnética Mental com Imagens Positivas

Antes de trazer o despolarizado de volta da encarnação em que se situou, costumamos impregnar seu cérebro magneticamente, com ideias amoráveis, altruísticas, fraternas etc., fixando no presente com quadros ou vivências de alegria, amor e felicidade. Esta técnica poderá ser realizada em voz alta para que o consulente ouça e grave conscientemente os quadros benéficos.

Dissociação do Espaço-Tempo

Em trabalhos de desobsessão, as circunstâncias muitas vezes fazem com que seja necessário levar espíritos rebeldes a confrontar-se com situações constrangedoras do passado ou se verem no futuro, sempre com o intuito de esclarecê-los. Esses nossos irmãos revoltados costumam não aceitar esse constrangimento, talvez porque não queiram se reconhecer como personagens dos dramas escabrosos que lhes são mostrados – avessos que são às admoestações, ainda que amoráveis. Nesses casos, procuramos fazer com que sintam o ambiente, isto é, entrem em ressonância com as vibrações opressivas que desencadearam no passado, para que possam compreender a desarmonia que geraram e suas consequências.

Somente espíritos desencarnados podem ser levados a um tempo no futuro para que percebam como será sua vida num tempo à frente se continuarem vibrando na maldade. Precisamos ter muito cuidado ao trazê-los de volta, pois toda a carga cármica negativa que deveria ser distribuída pelo tempo estará acumulada e, ao desligar do médium indevidamente, poderá destruir seu perispírito, transformando-o em ovoide. O grupo precisará de muito estudo, principalmente da décima lei: dissociação do espaço-tempo.

Tratamentos Especiais para Magos Negros

O termo "magos negros" não é utilizado no Grupo de Umbanda Triângulo da Fraternidade, pois dará mais importância e força para esses espíritos. Chamamos de obsessores ferrenhos, cuja presença num grupo apométrico é raríssima. Esses espíritos, na verdade, mandam seus asseclas ou quiumbas para as frentes de trabalhos se passando como responsáveis dos trabalhos magísticos negativos.

No Grupo de Umbanda Triângulo da Fraternidade, esses embates são realizados pelos exus e pelas diversas falanges de Ogum e Oxossi que têm experiência nesse tipo de demanda e moral para agir. Lembramos que somos devedores perante as leis e apenas auxiliamos como podemos, usando as técnicas devidas, juntamente com as ações da espiritualidade, fornecendo, respectivamente, ectoplasma e energia magnética, para a formação de campos de força e instrumental necessário para a realização do trabalho a ser feito.

Tratamento de Espíritos em Templos do Passado

Antigamente, os conhecimentos eram transmitidos aos candidatos em templos iniciáticos. Os grandes mestres transmitiam, além do conhecimento, a ética e a moral, o respeito, o amor e a caridade. Que vergonha maior seria encarar o mestre, depois de tanto errar!

Assim somos nós: com a distância dos mestres, fomos distorcendo os princípios aprendidos. Agindo em função do orgulho e da vaidade, distorcemos o que havia de mais sagrado, condescendendo só um pouquinho de cada vez nas regras de conduta, aceitando uma lisonja, um agrado e, mais tarde, exigindo e ordenando, perdemos cada vez mais, e como resolvemos adotar a regra "perdido por um, perdido por mil", na nossa distorção, afundamos cada vez mais, conhecendo o lado mais negro e fundo do abismo. Que ato maior poderia o mestre fazer, do que olhar nos nossos olhos, com tanto amor e piedade, que nos reduziríamos a simples vermes, sabendo o quanto nos desviamos do caminho.

Assim, os templos iniciáticos de Atlântida, do Egito, da Índia, dos Druídas etc. podem ser invocados para que o mago seja levado até a presença do seu mestre iniciático e, dependendo do estado do mago, é necessário desmagnetizá-lo das iniciações que recebeu.

Utilização dos Espíritos da Natureza

Elementais são seres que vivem na natureza, ligados a um dos elementos: água, terra, ar, fogo e éter. Vivem num mundo próprio, com suas leis, objetivos e evolução diferenciada dos humanos.

Os elementais se agrupam pela vibração dos elementos que compõem a natureza.

Éter: os elementais que atuam são sílfides.

Ar: associado a ventos, tempestades, furacões, tufões, enfim, todo e qualquer movimento de ar. O trabalho dos silfos é a redistribuição da energia vital, descarregando-a.

Água: encontramos as ondinas que vivem nos mares, em cascatas, lagos, rios e cachoeiras; as nereidas que habitam os mares e as nuvens e os bebês-d'água que vivem nas praias e à beira-mar. O principal objetivo desses elementais é a limpeza e descarregar a energia densa nos mares, rios ou lagos.

Terra: os duendes que habitam na superfície da Terra, são modeladores da forma, atuando no subsolo promovendo o direcionamento estrutural de todo o reino mineral. Os gnomos habitam no duplo etérico do planeta; as ninfas, nas árvores dos bosques e florestas; os peris, nas matas; os djins, no deserto; os elfos, nas vegetações rasteiras; os goberlinos, nos musgos, na hera e nos cogumelos; e os homúnculos, nas samambaias.

Fogo: são as salamandras, os mais esquivos dos elementais, e seu contato com o ser humano é sempre muito difícil.

Os falangeiros dos Orixás trabalham diretamente com os elementais na cura perispiritual, na regeneração de locais no Astral e nas limpezas energéticas nos planos físico e astral, entre outros.

Esterilização Espiritual do Ambiente de Trabalho

No início dos trabalhos da noite, antes de o grupo projetar as proteções, é realizada a limpeza energética etérico/astral do ambiente. Através de técnicas são projetados cores, ventos solares, água do mar, podendo, também, ser projetados cones de sucção, conforme determinação espiritual. Lembrando que, a cada final de um trabalho individual, deverá ser realizada uma limpeza e, no término da noite, finalizando todos os trabalhos, invocamos as entidades das diversas falanges dos Orixás para a realização da limpeza energética, deixando o ambiente sutil e seus trabalhadores harmonizados e equilibrados. Sempre invocamos com pontos cantados, sinalizando a linha que será trabalhada.

Condução dos Espíritos Encarnados, Desdobrados, para Hospitais do Astral

Ao conduzirmos o paciente encarnado para tratamento em um hospital no Astral, é obrigação do grupo tirar todo tipo de peias, amarras magnéticas, enfim, material pesado, facilitando o trabalho da espiritualidade. Esse encaminhamento se dará no final do atendimento, com o consentimento da equipe espiritual que dá suporte aos trabalhos.

Diagnósticos Psíquicos: Telemnese

Diagnóstico a distância. Para este tipo de trabalho, o médium poderá ir em desdobramento até o local de atendimento ou o espírito do paciente poderá ser desdobrado, deslocado e incorporado em um médium. Em um processo de atendimento a distância, as duas técnicas poderão ser utilizadas.

Imposição das Mãos: Magnetização Curativa

É a transmissão, por mãos ou sopro, de fluido animal do corpo físico do operador para o do doente. A maior parte é de moléstias, desequilíbrios do ritmo normal das correntes vitais do organismo, e os passes materiais tendem a normalizar esse ritmo ou despertar as energias dormentes, recolocando-as em circulação.

Passes espirituais são os realizados pelos espíritos desencarnados, através de médiuns ou diretamente sobre o perispírito dos enfermos: não mais se transferem para o necessitado fluidos animais de encarnados, mas outros, mais finos e mais puros, do próprio espírito operante, ou dos planos invisíveis, captados no momento.

Note-se que, nos passes espirituais, o espírito transmite uma combinação de fluidos, inclusive emanações de sua própria aura e o poderoso influxo de sua mente, elementos esses que, quando o espírito é de elevada categoria, têm grande poder curativo, muito diferente e mais refinado do que o apresentado pelo trabalhador encarnado.

Cura das Lesões no Corpo Astral dos Espíritos Desencarnados

Muitos espíritos sofredores são recolhidos com seus perispíritos destruídos. São membros amputados, chagas pútridas, sujos, mal vestidos, quando não com fome. A caridade é realizada quando o médium, vibrando no amor e na fraternidade, projeta cores, refazendo os corpos, curando, limpando, acalmando, colocando roupas limpas e alimentando milhares de espíritos em sofrimento, sempre com pulsos seguidos de contagem. Com vontade e amor, o médium movimenta o fluido cósmico para, em questão de segundos, mudar o quadro de sofrimento.

Cirurgias Astrais

As cirurgias astrais geralmente são realizadas junto com a técnica de dialimetria, ou seja, quando é desfeita a coesão molecular, deixando o local mais maleável. Nesse momento, os médicos espirituais aproveitam para realizar os procedimentos necessários, inclusive cirurgias.

Técnica de Transmutação de Bases Astrais Maléficas

No mundo espiritual, principalmente nas zonas inferiores do umbral, proliferam grandes colônias organizadas por poderosos magos das Trevas. Eles aprisionam grande número de criaturas desencarnadas, tornando-as escravas, em típica obsessão.

No umbral, as bases ou colônias são plasmadas de forma a criar ou recriar templos iniciáticos, prostíbulos, cidades inteiras da antiguidade, cavernas, vales ou planícies, laboratórios químicos e eletrônicos, prisões, porões e toda sorte de locais de diversões, antros de jogos, perversões, vícios, malefícios e horrores. Muitos desses locais estão ligados vibratoriamente a locais que realmente existem na matéria, de modo que tanto encarnados quanto desencarnados convivem na mesma vibração, com os desencarnados sugando as energias dos encarnados.

Quando da destruição de colônias e bases dirigidas pelas Trevas, é necessário, antes, resgatar os escravos. Para tanto, convém mobilizar suficiente número de auxiliares desencarnados e formar poderosos campos de força magnéticos a fim de neutralizar a guarda dessas tenebrosas organizações.

Um campo de força piramidal enquadra toda a base, limpam-se as vibrações magnetizantes com uma chuva de água crística, curam-se e resgatam-se os irmãos, desfaz-se o que foi plasmado, pode-se utilizar tratamento com cores e luzes, energias do Sol e das estrelas; pede-se aos elementais que plantem árvores, flores e frutos naquele local, com um riacho de água limpa e fresca. Dessa forma, vibrações harmônicas passam a agir em todo o ambiente.

Este procedimento é realizado por meio de técnica específica no momento em que os falangeiros de Ogum e os capangueiros de Oxossi, junto com exus e bombogiras, estão atuando no Plano Astral inferior.

Lembremos que, sempre que solicitarmos a cooperação dos elementais, no momento em que as tarefas forem concluídas, devemos dar um comando para que eles retornem para seus sítios energéticos.

Capítulo 4

UTILIZAÇÃO DA APOMETRIA
NO GRUPO DE UMBANDA

Triângulo da Fraternidade: metodologia de trabalho

O trabalho com Apometria iniciou-se há 10 anos e se mantém ininterrupto. A metodologia hoje existente no Grupo de Umbanda Triângulo da Fraternidade foi se adaptando ao longo do tempo, por sentirmos a necessidade crescente de consulentes e frequentadores submeterem-se aos tratamentos desobsessivos, em virtude, de um lado, da falta de esclarecimento a respeito da vida espiritual e, de outro, das necessidades materiais prementes que a sociedade moderna impõe aos cidadãos, desarmonizando-os de tal forma que, desavisados, abrem brechas para os mais variados transtornos anímico-obsessivos.

Muitos dos casos apresentam como pano de fundo ressonâncias de encarnações anteriores e também aquelas que se tornam processos obsessivos na vida presente com rituais de magia, seja por ainda vibrarem no complexo físico/etérico/astral do atendido, por iniciações realizadas na vida pregressa do espírito, ou por intensas induções magnéticas dos obsessores desencarnados, na vida presente. Desse modo, buscando propiciar um tratamento de forma a levar aos atendidos noções básicas sobre a vida espiritual e de relação do ser, formamos um grupo de estudos e trabalhos apométricos que amadureceu ao longo dos anos. Convém citar que o grupo é composto por médiuns experientes, de mente aberta e com propensão ao universalismo, dedicados e com conhecimento sobre Apometria, comprometidos com o estudo constante e a evangelhoterapia, que deve começar com os médiuns praticando, para, depois, repassar aos atendidos.

Todos os atendimentos são presenciais. Apenas nos casos graves, em que o atendido não apresenta condições de locomover-se, são realizados atendimentos à distância.

Método adotado pelo Grupo de Umbanda Triângulo da Fraternidade

Os atendidos chegam de duas formas:

– Encaminhados pela Sessão de Caridade Pública, por meio das consultas e passes com as entidades manifestadas (sexta-feira) ou da eteriatria (terça-feira);

– Dirigem-se espontaneamente à sede do Grupo de Umbanda Triângulo da Fraternidade no dia e no horário dos atendimentos.

O portão de entrada abre às 18h00 e fecha às 19h00, e os atendidos são recepcionados na entrada do salão pelos trabalhadores responsáveis.

São distribuídas fichas por ordem de chegada até as 19h45 e, depois, aguarda-se no salão a chamada para a triagem.

Por ordem de chegada, são encaminhados para entrevista individual, com a equipe de médiuns responsáveis pela triagem dos casos que serão atendidos. Após a entrevista, cada um preenche uma ficha de anamnese, com dados pessoais, endereço e outros, fazendo um relato breve do porquê está buscando atendimento apométrico no Grupo de Umbanda Triângulo da Fraternidade.

A equipe de triagem é mista, visando a atenuar o desconforto do consulente em falar sobre problemas pessoais e íntimos, podendo ser atendido fraterna e individualmente por médiuns homens e mulheres, sempre em dupla mista (de dois trabalhadores por consulente).

Concluído o preenchimento das fichas de anamnese, elas são devolvidas ao recepcionista, que as encaminha ao grupo de triagem.

Todos os solicitantes aguardam no salão, quando, então, às 19h00 tem início a palestra, que versa sobre temas variados e relativos ao autoconhecimento e à autoajuda. A palestra tem duração de 15 min.

Terminada a palestra, é feita uma pequena meditação, com o objetivo de harmonizar e preparar os participantes para o trabalho a que serão submetidos, ou dar suporte para que aqueles que não participarão dos atendimentos tenham uma semana tranquila e equilibrada.

Findadas a palestra e a meditação, tem início o passe individual de limpeza.

Concluído o passe, é feita a distribuição da água fluídica para todos os que estão no salão.

Cumpridas essas etapas, inicia-se a chamada dos casos selecionados para o atendimento presencial da noite. Permanecem no recinto apenas as pessoas que serão atendidas e seus acompanhantes.

Se os frequentadores desejarem, podem apenas ouvir a palestra e receber o passe, com uma pequena meditação, sem necessidade de solicitar atendimento apométrico.

Utilizando a Apometria num terreiro de Umbanda

A técnica de desdobramento induzido, conhecida como Apometria, adapta-se perfeitamente ao ritual de Umbanda.

O objetivo é realizar atendimentos individualizados de caridade: casos que requerem manifestações de espíritos sofredores, obsessões complexas, desmanche de magia negativa e distúrbios psíquicos e espirituais que, de modo geral, não são indicados de serem atendidos no dia de consulta, pois há grande demanda de consulentes ao mesmo tempo no interior do templo.

Características dos trabalhos

Os trabalhos são realizados diante do congá. Os médiuns ficam sentados – não ficam em pé, o que facilita as manifestações de espíritos sofredores – em círculo e o consulente sentado, no meio da corrente. Inicialmente, são abertas as atividades com higienização e limpeza do ambiente, criação de campos de força e proteção, nas mais diversas formas. Aliados aos comandos verbais e à aplicação dos procedimentos apométricos, dos tradicionais pontos cantados, são manipulados os elementos fundamentais ao trabalho de magia em conformidade com a ritualística da Umbanda: água, flores, ervas, essências cheirosas, defumações, fogo e álcool. Poder-se-ão riscar pontos para firmeza dos Orixás/guias, de acordo com os usos e os costumes do grupo.

Roteiro dos atendimentos

A abertura dos trabalhos é realizada com preces e pontos cantados. Criados os campos de força, invocam-se os guias. Na verdade, os campos de força apométricos partem da utilização da força mental dos médiuns, para plasmar formas etéreo-astrais com diversas finalidades. Essa intenção é potencializada pelos guias no Astral.

O consulente fica sentado no centro do círculo de médiuns. Geralmente, procede-se à limpeza Astral dos corpos energéticos, sobretudo o corpo etéreo, que vem acompanhado de necessidade de alinhamento e harmonização dos chacras. Coloca-se o consulente em desdobramento pela técnica apométrica e procede-se à abertura dos campos de energia que envolvem os corpos sutis. A partir de então, inicia-se a movimentação das falanges espirituais e, conforme o andamento do atendimento, vão-se puxando os pontos cantados das linhas dos Orixás que estão regendo os trabalhos.

Nos casos mais graves, procede-se ainda aos desmanches e à desativação de magias negativas: amuletos, despachos, bases, em que chefes de falanges, guias e protetores autorizam a atuação dos exus, que dão cobertura aos trabalhos. Nesses casos, movimentam-se as "tropas de choque", porém somente se o consulente tem merecimento e se seu livre-arbítrio estiver sendo desrespeitado, impondo-se novamente o restabelecimento do equilíbrio que lhe é de direito.

Diagnósticos e procedimentos

O diagnóstico espiritual é fundamentado na percepção mediúnica, decorrente da compreensão formada pelo conjunto do atendimento e das percepções individuais de cada médium, junto com as manifestações das entidades que se fizerem presentes pela "incorporação". Associando esse conjunto aos dados, à história clínica e às queixas arroladas na ficha de anamnese, na entrevista pessoal e depois em breve relato antes do início da abertura de campos, para que se verifique a coerência dos dados informados pelo atendido, estabelecemos a sintonia do corpo mediúnico com a casuística apresentada, fornecendo elementos para propiciar a atuação do Plano Espiritual. Dessa forma, associando-se a energia fornecida dos médiuns (ectoplasma), a energia cósmica e os registros demarcados nos corpos Astral e mental dos atendidos, os guias e protetores atuam. São desatadas todas as amarras que alimentam o encadeamento das situações de desequilíbrio na vida presente do atendido e que estão arquivadas nos seus registros eternos de memória.

As técnicas e os procedimentos utilizados têm como base a Apometria, somadas as orientações da equipe espiritual que dá assistência aos trabalhos e que tem real e verdadeiramente condições de compreender e encontrar soluções para melhor ajudar o espírito imortal e atemporal que ali se encontra. Lembramos que não é conveniente comentar fatos e personalidades pretéritas dos atendidos para não alimentar ou rebaixar seus egos doentes e carentes de ajuda e orientação.

Todo tratamento espiritual apométrico deve ser acompanhado de muito respeito e amor pelos semelhantes, sem julgamentos, porque o uso tão somente das técnicas sem amparo fraternal torna-se frio e distante. E precisamos compreender que, quando um ser solicita atendimento, é porque as dores de sua alma chegaram ao ponto de se tornarem insuportáveis. Somente o carinho, a compreensão e o amor fraternal, sem se tornar piegas, podem atenuar os sofrimentos alheios.

Resumo do método de atendimento:
passo a passo

1. Leitura de um trecho do Evangelho.
2. Abrir os trabalhos em nome do Pai, Olurum ou Zambi, pedindo ajuda e proteção a Oxalá, a Xangô e a todos os Orixás, realizando uma pequena prece.
3. Colocar as proteções com base nos campos de força e fazer a limpeza energética do ambiente.
4. Desdobrar os médiuns (todos juntos).
5. Sintonizar com a ala hospitalar do hospital Astral que dá suporte aos trabalhos da casa. (No Grupo de Umbanda Triângulo da Fraternidade, é o Hospital Grande Coração.)

Observação: Os cantos e as invocações aos Orixás e às linhas de trabalho são feitos em qualquer momento e durante o andamento dos atendimentos sempre que se fizerem necessários.

Procedimentos em relação ao atendido

1. Passe de limpeza. (No Grupo de Umbanda Triângulo da Fraternidade, os consulentes recebem o passe logo após a palestra e a meditação.)

2. Abrir os campos.

3. Desdobrar.

4. Verificar o estado dos corpos.

5. Se necessário, rastrear os corpos.

6. Alinhar os corpos (se necessário), limpar, aplicar cores para equilibrar.

7. Verificar onde se encontram: se no umbral ou no passado.

8. Como se apresentam os corpos: aparência do corpo etéreo e do corpo astral.

9. Verificar se há material adensado nos corpos, como: larvas, manchas, sujeira, lama etc. Caso tenha, fazer a limpeza.

10. Verificar a tela búdica (se rompida) e os chacras.

11. Verificar se há aparelhos parasitas ou dispositivos umbralinos, qual a procedência e retirar.

12. Verificar campos de magia de vidas pretéritas ainda vibrando no presente e campos de magia da encarnação atual.

13. Sintonias de passado: faixas de passado e bolsões de sofredores (se necessário, fazer despolarização dos estímulos de memória).

14. Interferência mental: obsessão entre vivos.

15. Encaminhar corpos, se necessário, para tratamento do hospital (astral) que dá suporte ao grupo. O encaminhamento ao hospital se dará somente após limpeza geral com a retirada de aparelhos e recolhimento de obsessores.

16. Limpar a residência e colocar as proteções.

17. Tratar os chacras, se necessário.

18. Passar ao atendido as recomendações com o tratamento auxiliar: palestras, passes, eteriatria e magnetismo, evangelhoterapia, leituras evangélicas, tratamento médico (no caso da necessidade de consultar um especialista para avaliação da saúde física) etc.

19. Fechar os campos e acoplar os corpos.

20. Encerramento dos trabalhos: após concluídos todos os atendimentos da noite.

Observação: Método adaptado e praticado no atendimento apométrico do Grupo de Umbanda Triângulo da Fraternidade.

Capítulo 5

DESDOBRAMENTOS: AS DIFERENÇAS

Desdobramento durante o sono físico

Nós, seres humanos, necessitamos dormir para que o nosso organismo descanse e seja revitalizado, recuperando as energias gastas nas atividades normais do dia a dia. Por esse motivo, é impossível uma pessoa permanecer muito tempo sem dormir. O corpo físico precisa ser revitalizado para que continue a funcionar.

Um exemplo muito comum é o caso de quem, pela necessidade inadiável de revitalização do corpo físico, adormece ao volante de um veículo, sofrendo e causando graves acidentes.

Para acontecer esse processo de revitalização do corpo físico, é necessário haver a separação ou o desdobramento do corpo astral. Assim, ao adormecermos, literalmente saímos do corpo físico "vestindo" apenas a roupa perispiritual (processo natural, porque é uma atribuição do espírito).

O problema é que, por estarmos com a consciência física adormecida, não nos damos conta desse processo e, por isso, para nós, tudo se passa como nada se passasse.

Quando retornamos ao corpo físico e acordamos, depois de decorrido o tempo necessário para o organismo ser revitalizado, normalmente nos recordamos apenas de fragmentos de sonhos.

Evidentemente, a clareza e a intensidade com que as recordações são trazidas do mundo Astral podem variar muito de pessoa para pessoa. Algumas conseguem se recordar de muitos detalhes e outras simplesmente acordam sem se lembrar de absolutamente nada.

Kardec nos esclarece que, para ocorrer a completa emancipação do espírito, é necessário que os nossos sentidos entrem em torpor para que o espírito recobre a sua liberdade. Desde que haja prostração das forças vitais, o espírito se desprende, tornando-se tanto mais livre, quanto mais fraco for o corpo.

Entendemos que o indivíduo que se projeta do corpo físico não pode estar atento, gerando ondas mentais beta (13 a 30 Hz), exemplo de quem dirige um carro ou caminha. Nem mesmo ondas alfa (8 a 13 Hz), quando estamos em estado de relaxamento e calma, são suficientes para uma saída completa do corpo astral.

No livro *Espírito e Matéria*, Dr. Lacerda elucida que a separação do corpo físico através da saída do corpo Astral acontece normalmente durante o sono, quando o indivíduo perde a consciência e as funções vitais são rebaixadas ao mínimo indispensável às trocas metabólicas. Lacerda corrobora que, sob estado de atenção (ondas beta), não é possível, ou é quase impossível, sairmos do corpo. Quem perde a consciência e tem as funções vitais rebaixadas não pode estar conversando, como os médiuns o fazem durante o trabalho de Apometria.

Desdobramento astral

Desdobramento astral, projeção astral, projeção da consciência ou, ainda, experiência fora do corpo é o fenômeno de "saída" ou desprendimento da consciência do corpo físico, passando a se manifestar em uma dimensão extrafísica. Esse fenômeno já era estudado e citado por egípcios, rosa-cruzes, hindus, chineses e cabalistas, e consiste na saída voluntária (consciente) ou involuntária (inconsciente) do corpo Astral por meio de processos e técnicas de relaxamento, concentração e meditação, em que o corpo físico necessita estar com suas funções vitais reduzidas ou em estado de inconsciência. A saída involuntária dá-se durante o sono físico descrito anteriormente e, também, pode ser ocasionada por um trauma emocional ou de estresse, experiência de quase morte (coma)[1], com o uso de anestesia em casos de cirurgias ou por meio de efeitos neurofisiológicos por indução de drogas.

É uma sensação de saída ou escape do corpo físico, sendo possível observar a si mesmo fazendo a passagem do mundo físico ao mundo astral. Lembrando que o corpo físico fica inerte com seu metabolismo baixíssimo apenas para suprir a demanda de energia básica para se conservar vivo.

Desdobramento apométrico

A principal ferramenta de trabalho em Apometria é o desdobramento, regido pela primeira lei da Apometria, considerada a sua mais básica e fundamental: a lei do desdobramento espiritual.

Toda vez que, em situação experimental ou normal, dermos uma ordem de comando a qualquer criatura humana, visando à separação de seu corpo espiritual – corpo Astral – de seu corpo físico e, ao mesmo tempo, projetarmos sobre ela pulsos energéticos através de uma contagem lenta, dar-se-á o desdobramento completo dessa criatura, conservando ela sua consciência.

Da análise dessa lei, podemos concluir que o desdobramento apométrico possui as seguintes características:

---

[1] Livro dos Espíritos – Cap. VII, Questões 400 a 424.

1. É um processo induzido, ou seja, não ocorre de forma espontânea, como é o caso do desdobramento durante o sono físico.

2. É um processo controlado, mediante comandos específicos e ordenados.

3. Exige o emprego de energia mental, direcionada pela vontade do operador/dirigente dos trabalhos, apoiada pelo esforço mental e pela vontade conjugados dos demais médiuns da corrente. Quanto mais disciplina e concentração mental houver por parte de todos, mais efetivos serão os resultados.

4. Tanto os médiuns como o consulente permanecem conscientes no plano físico.

O que ocorre é um pequeno deslocamento de alguns centímetros dos corpos sutis (astral e mental) em relação ao corpo físico. Nesse processo, também o duplo etérico, mediador dos corpos físico e astral, sofre uma pequena expansão, deslocando-se um pouco do eixo da coluna espinal, com as seguintes finalidades:

1. Facilitar a liberação de ectoplasma, no caso, principalmente, dos médiuns.

2. Permitir a permanência da conexão entre o cérebro Astral e o cérebro físico, mantendo, com isso, a consciência plena de tudo o que está acontecendo, tanto por parte do consulente como dos medianeiros.

3. Alterar a coesão molecular do duplo etérico, pela expansão desse corpo fluídico em relação ao eixo da coluna espinal, facilitando, se necessário, a interferência dos benfeitores espirituais nos duplos dos órgãos físicos do atendido.

O fato de esse deslocamento ser pequeno propicia a manutenção de incontáveis e sutilíssimos filamentos de energia que ligam cada área do cérebro Astral às respectivas áreas do cérebro etérico, e deste às do cérebro físico, mantendo, assim, a conexão consciente entre os dois planos de existência. Dessa forma, aquilo que for vivenciado no Plano Astral será transmitido ao cérebro físico, garantindo, assim, sua recordação. Essa vivência pode se dar pela sintonia e pela recepção de emoções e sentimentos (corpo astral) ou por visões e captação de ideias e pensamentos alheios ao estado de vigília ordinário do médium trabalhador, que, por sua vez, relata essas impressões ao dirigente dos trabalhos.

Vê-se, portanto, que, embora no enunciado da primeira lei da Apometria conste que o desdobramento é completo, isso é entendido como o deslocamento parcial dos corpos sutis na experiência do Grupo de Umbanda Triângulo da Fraternidade. Se houvesse um deslocamento completo, entendido como uma "saída" do corpo astral, como ocorre durante o desdobramento do sono físico e astral, inevitavelmente teríamos estados de letargia e catalepsia acompanhados de consciência embotada.

Normalmente, o médium desdobrado apometricamente costuma fechar os olhos, no momento de buscar as percepções relativas ao atendimento que está ocorrendo, pois a clarividência junto com a audição é a principal janela de comunicação com o plano físico. Ao fazer isso, busca internalizar sua consciência, focando-a mais no cérebro Astral e, portanto, nas percepções relativas a esse plano. Há, pois, um deslocamento do foco consciencial, apenas o suficiente para abrir-se às percepções ocultas, sem, contudo, perder a conexão consciente, permitindo que essas percepções alcancem o cérebro físico e, assim, possam ser transmitidas/externalizadas através da fala e de catarses.

O desdobramento apométrico é de vital importância, por facilitar a doação de ectoplasma, aumentando a capacidade dos médiuns de percepção dos planos sutis para: (a) captar o que os colaboradores espirituais (do lado de lá) necessitam comunicar/mostrar aos medianeiros; (b) dar passagem, eventualmente, a sofredores que necessitam de choque anímico ou de esclarecimentos.

A partir do desdobramento, a maior parte do trabalho é assumida pelo plano espiritual, que coordenará o rumo dos acontecimentos, passando as informações/percepções necessárias para o atendimento em curso. Elas serão captadas com maior ou menor precisão, dependendo da eficácia do desdobramento e das condições de maior ou menor grau de sintonização dos médiuns/guias e mentores. Por isso, a importância desde o início dos trabalhos, já na sua abertura, de cada médium empenhar-se e concentrar-se ao máximo nos procedimentos e na condução feita pelo dirigente do grupo. Caso contrário, o médium poderá dificultar e até atrapalhar o atendimento, ao não se conectar/sintonizar adequadamente, podendo abrir brechas e facilitar o assédio de espíritos impertinentes, dificultando a realização do atendimento.

Quanto às percepções em si, o Plano Espiritual conhece as características/habilidades de cada medianeiro, razão pela qual transmitirá para cada um aquilo que ele tem capacidade de perceber (sons, visões ideoplásticas, odores, sensações, conexões com faixas vibratórias do consulente, intuições, entre outros).

O ectoplasma liberado pelos médiuns no desdobramento induzido é utilizado pelo Plano Espiritual para os mais variados fins, desde recomposição de lesões de espíritos enfermos até como importante substrato energético para a atuação dos falangeiros do Plano Espiritual em incursões no umbral inferior.

Essa parte do trabalho fica oculta aos medianeiros, pois é executada e controlada pela equipe espiritual. O médium não se lembrará do que aconteceu simplesmente porque não presenciou nada, limitando sua atuação aos trabalhos e às percepções que se desenrolam no local em que o consulente é atendido.

O que ocorre com frequência é a visualização de quadros ideoplásticos (visão de cenas, percepção de sensações) e, assim, o médium pode direcionar seus pensamentos, por meio da força de vontade, como forte elemento de apoio para tornar mais efetiva a tarefa socorrista que se está realizando (limpeza da casa do consulente, utilização de ervas astrais para tratamento do socorrido, fixação de estímulos positivos na memória do atendido, desintegração de miasmas e correntes de pensamentos parasitas, amparo a espíritos sofredores desvitalizados e seu encaminhamento a instituições hospitalares no Astral etc).

Percebemos a necessidade do desdobramento consciente na Apometria em que o medianeiro não perde a noção de espaço e tempo, estando suas faculdades em estado de vigília, mas, ao mesmo tempo, interagindo em parceria com o Plano Espiritual para o bom andamento dos trabalhos.

Capítulo 6

CURA DAS ENFERMIDADES FÍSICAS E ESPIRITUAIS

Origem das doenças

A saúde é o estado de harmonia e completo bem-estar físico e espiritual do ser. Quando essa harmonia é abalada, comprometendo o equilíbrio do corpo físico, designamos este processo desarmônico de *doença*. Então, a doença ou enfermidade é a perda relativa da harmonia. Podemos dizer que a doença é um sinal do corpo físico que busca se reequilibrar, utilizando os mecanismos possíveis para a sua reorganização, que poderão, muitas vezes, gerar sofrimento e dor. Com esta visão mais abrangente do ser, percebemos que toda doença instalada no corpo físico tem origem espiritual, pois a doença, na sua manifestação orgânica, identifica que, no mundo psíquico e invisível aos nossos sentidos, o perispírito está enfermo.

Somos regidos por leis espirituais do mundo oculto que atuam no plano físico, e entre elas está a lei da reencarnação. As experiências e os sentimentos negativos imprudentemente vividos nesta vida ou em existências físicas passadas formam um patrimônio "morbopsíquico", uma carga nociva e tóxica que deverá ser expurgada pelo perispírito em obediência à lei de harmonia espiritual. Esse acúmulo de resíduos psíquicos venenosos, provindos de sentimentos como ódio, ciúme, inveja, luxúria, cobiça, entre muitos outros, e intensificado por atitudes imorais nas inúmeras encarnações, será drenado gradativamente pelo corpo físico, lesando as regiões hereditariamente mais vulneráveis. Essa drenagem é compreendida pela medicina terrena nas suas diversas nomenclaturas: câncer, cirrose, tuberculose, AIDS, asma etc.

Salientamos que as doenças que adquirimos equivalem ao nosso estado evolutivo atual, pois que habitamos um planeta de provas e expiações, condizente com o nosso nível espiritual e moral.

O que são doenças?

A doença é um mal, uma dor que não nos pertence. No livro *Mãos de Luz*, a curadora norte-americana Barbara Ann Brennan apresenta um raciocínio muito interessante:

Toda doença é uma mensagem direta dirigida a você, dizendo-lhe que não tem amado quem você é e nem se tratado com carinho, a fim de ser quem você é.

Todas as vezes que estamos enfermos devemos nos ater aos sinais emitidos pelo nosso corpo, avisando que algo está errado.

Portanto, em razão das energias negativas que cercam nosso organismo físico e espiritual, concluímos que a "doença é uma consequência e não uma causa" de nossos males.

Como o domínio e o controle de nossas ações estão centrados nos pensamentos, estes deverão ser vigiados permanentemente. Como temos energias que nos afetam substancialmente, em função de nossa invigilância mental e também emocional, isso se dá pela nossa indisciplina.

Em *Nos Domínios da Mediunidade*, André Luiz explica que "... assim como o corpo físico pode ingerir alimentos venenosos que lhe intoxicam os tecidos, também o organismo periespiritual absorve elementos que lhe degradam, com reflexos sobre as células materiais".

Verificamos que as energias que chegam até nós têm suas origens no próprio universo, em nossa alimentação e em nossa respiração. Assim, nós também somos impregnados com as energias expelidas por outras pessoas. A relação do fluxo energético é recíproca.

Entretanto, como somos responsáveis por vigiar nossos pensamentos, as outras pessoas também o são. Podemos concluir daí que iremos receber ou emitir boas ou más energias em virtude de nossa vigilância e manutenção mental positiva.

Doenças Físicas

Para melhor elucidação, iremos discorrer sobre as doenças físicas quanto às suas origens e à cura. Doenças físicas são aquelas oriundas de qualquer tipo de acidente, um esforço físico exagerado, uma prática diária fora da rotina, o exagero na alimentação. Com isso, um ou mais órgãos entram em colapso e criam algum tipo de indisposição orgânica.

Na nossa concepção de vida e saúde, acreditamos que os males começam a surgir na velhice, a partir dos desgastes físicos do nosso organismo, mas não é isso o que acontece. Nosso organismo físico possui uma programação de existência e deverá durar exatamente o tempo necessário para a drenagem das enfermidades. No entanto, nem sempre as enfermidades que adquirimos nessa vida são resgates de vidas pretéritas, mas da maneira inadequada de como tratamos nosso corpo.

Como exemplos de práticas cotidianas na falta de cuidado, temos o álcool, as drogas, o fumo, o sedentarismo, a glutonaria, a promiscuidade etc.

Adquirimos as doenças físicas de diversas maneiras, quando vibramos nas inconformações, no ódio, no desespero ou nos revoltamos com a vida, nos magoamos e guardamos esta mágoa por muito tempo, enfim, as contrariedades em geral.

As doenças físicas podem ter origens cármicas, trazidas de outras vidas, ou podem ser da vida presente, adquiridas em consequência da absorção das energias existentes atualmente no planeta Terra, ou seja, gripe, sarampo etc.

Não podemos esquecer que somos influenciados diretamente pelos espíritos desencarnados, através da ação da lei de sintonia. Podemos estar enfermos, mas a medicina terrena não encontra nenhum distúrbio nos exames solicitados. Essas doenças são, na verdade, ressonâncias vibratórias de espíritos doentes que estão em contato com o nosso campo energético.

Como podemos prevenir as enfermidades?

Não existem regras miraculosas para curar as enfermidades físicas que não sejam a obediência clara às leis universais e divinas.

Em razão da necessidade biológica de manutenção do nosso organismo, via alimentação, essa é a primeira regra a ser observada.

Sempre houve mortes causadas pela utilização inadequada de alimentos e ainda hoje os processos químicos para elaboração e conservação dos alimentos causam muitos males.

Outro aspecto a ser considerado é a higiene diária, não só do corpo físico, mas também da mente. Devemos parar e analisar os tipos de pensamentos e hábitos que cultivamos.

Ressaltamos a importância dos cuidados com o descanso e o sono físico. É no sono que recarregaremos as baterias físicas para enfrentar um novo dia. Vivemos uma rotina estressante, cheia de compromissos e cada vez mais dormimos menos e acordamos mais cansados.

Somos espíritos imperfeitos e, por meio das encarnações sucessivas, erramos e aprendemos, e assim vamos nos sublimando. A dica para a prevenção das enfermidades, é a vivência do evangelho do Cristo Jesus: Ele é o caminho, a verdade e a verdadeira vida. Enquanto cultivarmos hábitos nocivos e vivermos fora dos ensinamentos do Mestre Nazareno, ficaremos à mercê das enfermidades e das dores.

Doenças espirituais: tratamento e prevenção

O tratamento das doenças físicas ou espirituais dá-se pela ação dos amigos espirituais, conforme o enunciado da sétima lei, da ação dos espíritos desencarnados socorristas sobre os pacientes desdobrados, cujo enunciado é: Espíritos socorristas agem com mais facilidade sobre os enfermos se estes estiverem desdobrados, pois que uns e outros, dessa forma, se encontram na mesma dimensão espacial.

Após a leitura da anamnese junto com as informações pessoais, o consulente é desdobrado sob o comando do médium coordenador.

Estando desdobrado, seus corpos – etérico e Astral – se encontrarão no mesmo plano dimensional da equipe médica espiritual, facilitando o diagnóstico, como também a rapidez e a eficiência no tratamento. O desdobramento é um facilitador, podendo a equipe médica socorrista efetuar cirurgias, aplicações de emplastros e/ou remédios astralinos conforme a necessidade do consulente.

Para isso, é preciso realizar o rebaixamento da ala da enfermaria do hospital, que dá suporte ao grupo de Apometria no início dos atendimentos da noite. Essa ala do hospital fica localizada na contraparte etérico-astral da sala de Apometria com macas, inúmeros instrumentos e aparelhagem moderníssimos, remédios, enfim, todo material hospitalar indispensável para socorrer os encarnados e desencarnados.

Os procedimentos cirúrgicos ou a aplicação de remédios acontecem no momento em que se realiza a técnica de dialimetria. A espiritualidade, utilizando-se do ectoplasma fornecido pelos médiuns misturado com as essências e/ou elementos vindos diretamente da natureza, aliviará ou curará a parte afetada do complexo físico-etérico. Claro que isso se dá de acordo com o merecimento e as informações contidas na ficha cármica do indivíduo.

Essa técnica de diametria é o afrouxamento da coesão molecular na região a ser tratada. O corpo etéreo se torna mole, menos denso, pronto para receber o tratamento. Já o corpo físico não acusa a menor mudança de forma nem de textura.

O médium que realizará a técnica firmará seu pensamento (energia mental) no procedimento, desejando fixamente a diminuição da coesão molecular. Os médicos imediatamente se valem da nova situação para intervir mais profunda e facilmente no corpo Astral e mesmo no etérico, tratando-os.

Em algumas circunstâncias, o corpo Astral do consulente permanece no hospital, no Plano Astral, para dar continuidade ao tratamento, sendo acoplado naturalmente ao acordar no dia seguinte.

Normalmente, os médiuns utilizam magnetismo, cromoterapia e diversas outras técnicas para otimizar o tratamento que a espiritualidade está realizando. É importante ressaltar que o atendimento poderá continuar durante a noite, conforme determinação da espiritualidade, mesmo já tendo terminado o trabalho dos médiuns no plano físico.

Durante o desdobramento, são facilitados, também, o tratamento, o afastamento e o recolhimento de obsessores e sofredores. Por meio das percepções mediúnicas, contribuímos com o recolhimento, o tratamento e o encaminhamento para os locais de socorro adequados. Vale lembrar que os médiuns podem utilizar projeções com cromoterapia, luminoterapia e a doação de ectoplasma, auxiliando no trabalho da espiritualidade.

Como a origem das doenças espirituais está nos pensamentos, sentimentos e ações, e, por sintonia, enredamo-nos com espíritos imorais, devemos firmar diretrizes de segurança com base no evangelho de Jesus: "não faça aos outros aquilo que não quer que façam com você", "amar ao próximo como a si mesmo" e "orai e vigiai" seus pensamentos, sentimentos e ações. Esse é um bom começo na prevenção das doenças espirituais.

Capítulo 7

MEDIUNIDADE E OBSESSÃO

Mediunidade reprimida

Mediunidade reprimida é aquela que está aflorada plenamente, mas não disciplinada. Muitas vezes, o médium tem conhecimento do seu compromisso com a mediunidade, mas, infelizmente, por uma conduta escapista diante dos compromissos com o Além, integra uma parcela significativa de encarnados desequilibrados psiquicamente, com manias compulsivas, condutas anormais e estados alucinatórios.

Vários são os sintomas e citamos alguns deles, como dor de cabeça, dor na coluna, dor pelo corpo, taquicardia, insônia, ansiedade, angústia, dificuldade de concentração, doenças sem diagnóstico ou causa aparente, irritabilidade constante, audição de vozes, cansaço extremo, fobias, confusão mental.

A mediunidade é uma bela oportunidade de crescimento e aprendizado. Vê-la como uma prova imposta em razão de dívidas do passado é cultivar uma visão doentia de algo que, em verdade, é uma bênção, um tesouro.

É comum ouvirmos a expressão: "estou com problemas mediúnicos". Não é a mediunidade o problema, mas o médium.

Consideremos, porém, que não existem problemas mediúnicos, mas problemas psicológicos, morais e emocionais que são refletidos no exercício da mediunidade. A mediunidade é um recurso, como ultimato, aos endividados, retornado à caminhada evolutiva e a depressão é uma doença cuja causa repousa nas velhas atitudes morais do médium. A mediunidade não causa depressão, entretanto, é frequente encontrarmos médiuns portadores de sintomas depressivos.

A cura da depressão não virá do exercício mediúnico, mas da reeducação emocional por meio da mudança de condutas que alicerçam o núcleo moral do depressivo.

O Prof. Dr. Sérgio Felipe de Oliveira, da Faculdade de Medicina da USP, diz que se a pessoa não toma o domínio da sua mediunidade, fica sob interferência do "alheio".

O organismo reage e recolhe no metabolismo o excesso de ectoplasma, desvia essa energia e a pessoa começa a formar tumores, miomas, artrites, deformidades ósseas, cistos ovarianos, tireoideos, hepáticos, renais ou sangramentos, que também são formas de perder esse ectoplasma, como a metrorragia[2], e a medicina não consegue entender o que está acontecendo.

A pessoa sente uma depressão que não se trata com remédios, porque já está envolvida numa outra esfera, que é a sensopercepção mediúnica. É preciso agregar os tratamentos. Então, utiliza-se o medicamento em conjunto com o apoio psicoterápico até o momento em que a pessoa possa ter o controle. Só depois parte-se para o exercício mediúnico.

---

[2] Metrorragia é o termo médico usado para descrever sangramentos acíclicos do útero fora do ciclo menstrual normal.

Mediunidade descontrolada

No animismo descontrolado, a pessoa, via de regra, se compraz em manifestar sua opinião enquanto recebe ou finge receber mensagens dos espíritos desencarnados. Já na mediunidade descontrolada, ela não tem condições de controlar os impulsos psicomotores – por vezes agressivos – que recebe do mundo astral.

Seja por educação mediúnica inadequada, seja por desequilíbrio em seu psiquismo, o sensitivo não consegue equacionar com justeza as manifestações; entrega-se inteiramente aos espíritos inferiores, que dele se apossam e abusam em qualquer lugar.

A mediunidade pode eclodir independentemente de condições sociais e de idade ou credo religioso. O despertar mediúnico é diferente e individual para cada um. Isso significa que cada um vai sentir e ter efeitos diferentes, dos mais sutis aos mais gritantes. A mediunidade como faculdade natural pode surgir em suas variantes de tipos e modalidades a qualquer momento da vida de um indivíduo, desde pequenas mudanças de humor até visão e transes repentinos mediúnicos.

Para algumas pessoas, essa faculdade se manifesta de forma muito agressiva e descontrolada, podendo trazer graves desarranjos para a vida do médium tanto materialmente quanto emocionalmente, com crises de "loucuras aparentes", depressão severa, agressividade e fobias das mais variadas. É comum uma eclosão mais violenta e ostensiva, com várias faculdades surgindo ao mesmo tempo, ou seja, a pessoa passa a ver, ouvir, ter transes, súbitos desejos incontroláveis de escrever e, muitas vezes, ao ler o que escreveu, se surpreende com ideias que não fazem parte de sua natureza. Na maioria dos casos, esse afloramento começa de forma sutil e quase imperceptível, com sonhos frequentes, processo de depressão profunda, sentimento de vazio, solidão, abandono, baixa autoestima, desânimo pela vida, forte instabilidade emocional, ideias estranhas que o conduzem a dizer e fazer certas coisas, crises de choro repentinas ou euforia, excesso de sono ou insônia, alterações de peso e prostração, entre vários outros indícios.

Quando os efeitos de desequilíbrios se instalam, podemos entrar em estados psíquicos e emocionais negativos que atraem espíritos de mesma sintonia, e a intensidade é variável conforme cada um.

Em casos mais severos, podem causar sérios distúrbios de ordem psicológica, podendo levar a um mal psíquico. Pior será se a pessoa conservar maus hábitos e for de índole duvidosa e imoral, ter vícios como álcool, fumo, tranquilizantes ou drogas, ter sintonia com lugares de baixa vibração, como motéis, bordéis, bailes regados a músicas que incitam à violência e à luxúria etc. Tais locais são repletos de espíritos que vibram numa faixa vibratória vampirizante, que aproveitam para sugar energias e se comprazer ao lado dos encarnados em seus atos de vícios, violência e luxúria sexual.

Lembramos que muitos casos que aparentam tratar-se de um afloramento mediúnico não passam de assédios espirituais e obsessões que, devidamente tratados, acabam com o problema e os efeitos, sem a necessidade de um tratamento para o desenvolvimento de capacidades mediúnicas. Mas, para avaliar isso tudo, é preciso procurar ajuda em locais, casas ou grupos sérios e competentes que orientem e esclareçam o indivíduo para sua melhoria e reequilíbrio.

O tratamento da mediunidade descontrolada se resume em:

– suspender totalmente qualquer tentativa de contato com o mundo espiritual por meio do mediunismo;

– aproveitar o médium em tarefas futuras e colocá-lo para estudar sistematicamente e praticar contatos progressivos e controlados com os espíritos e seu mundo dimensional;

– uma vez educado o médium, colocá-lo em trabalhos de doação mediúnica (encarnados e desencarnados), passes e magnetismo.

Conceito, tipos de obsessão, assédio e subjugação espiritual entre vivos

Um dos focos principais da Apometria é a desobsessão e, para isso, os trabalhadores apômetras precisam estar afinados neste tema.

Somos constantemente influenciados direta ou indiretamente pelo Plano Espiritual. A interferência poderá se dar por espíritos desencarnados em aflição ou em estado de elevação. Essas ligações com o mundo oculto são estabelecidas através dos pensamentos e sentimentos que abrigamos rotineiramente, ou seja, por sintonia. Quando essas influências são más, independentemente de serem mais ostensivas ou veladas, breves ou duradouras, dizemos que o indivíduo está num processo de obsessão, devendo passar por um tratamento espiritual de desobsessão e esclarecimento sobre as leis que regem a vida, mudando o teor dos seus pensamentos, vivendo com mais ética, educação e amor ao próximo; assim, passará a sintonizar com espíritos mais elevados.

Allan Kardec classificou a obsessão em diversos tipos e graus, em que encarnado e desencarnado trocam os papéis de obsessor a vítima, mostrando que os dois mundos – físico e oculto – se misturam, um interferindo no outro e até dominando.

Todos os livros do espírito André Luiz, psicografados por Chico Xavier, como era chamado carinhosamente, exemplificam esses tipos e graus de obsessão, devendo ser leitura obrigatória para todo trabalhador de Apometria.

Quando o processo obsessivo se dá "de encarnado para encarnado", verificamos que a vítima, com personalidade fraca e baixa autoestima, deixa-se levar, não sabendo colocar limites na sua vida ou não tendo forças para reagir à interferência daquele que é o algoz, passando a ser dominada. Esse domínio poderá ser psíquico-emocional, físico ou mental, acontecendo no estado de vigília e estendendo-se à noite, quando ambos, desdobrados pelo sono físico, continuam nessa união infeliz. Percebemos que esse quadro acontece nos relacionamentos interpessoais, inclusive dentro dos lares, em que espíritos unidos por laços familiares e por necessidade do ajustamento cármico têm a oportunidade de reparar atitudes que os endividaram no passado.

Esse domínio ou influência de um indivíduo sobre outro pode se manifestar como um assédio, chegando a uma subjugação, submetendo a vítima por força ou ameaças físicas e/ou psicológicas.

Percebemos, com a experiência no Grupo de Umbanda Triângulo da Fraternidade, esse tipo gravíssimo de obsessão entre encarnados acontecendo com certa frequência. Como exemplo, podemos citar quando o médium, por livre escolha e independentemente do motivo, resolve retirar-se do terreiro ou da agremiação em que trabalha. O dirigente, inconformado com a saída, passa a ameaçá-lo, utilizando-se de todas as prerrogativas do seu "cargo", ameaçando não liberar os guias, deixando-os retidos nos assentamentos vibratórios, se o médium afastar-se definitivamente da casa. O dirigente utiliza o "poder" para, através do medo, da insegurança e da submissão do médium, fazer valer a sua vontade.

Outro tipo também frequente é a obsessão de desencarnado (algoz) para encarnado (vítima). De acordo com o merecimento dos envolvidos e com a ajuda dos falangeiros dos Orixás, vítima e algoz são esclarecidos, socorridos e encaminhados, no caso dos desencarnados, para locais onde deverão continuar a caminhada espiritual. Enquanto os "mortos cuidam dos seus mortos", nós, trabalhadores da Apometria, indicamos ao encarnado o caminho para a transformação interna, como prevenção a outras obsessões.

Relato de caso

– Nome: M e A
– Idade: 37 e 39 anos
– Estado civil: casados

História clínica da esposa

A, 37 anos, sexo feminino, casada. Trabalha profissionalmente na sua residência e se dedica à caridade numa casa espírita localizada na Grande Porto Alegre. Esteve afastada por um tempo dessa casa, retornando há um ano aos trabalhos caritativos, sendo designada ao pronto-socorro. Há dois meses começaram a acontecer manifestações *poltergeist* em sua casa. Aparelhos que queimam, como fax e microondas, impressora ligando e desligando sem ninguém ter dado o comando, várias lâmpadas que queimam ao mesmo tempo etc. Esses fatos já são recorrentes, tendo sido motivo de afastamento dessa mesma casa espírita anos atrás. Além desses fenômenos, percebe muita briga no lar com os filhos de 2 e 7 anos e, principalmente, com o marido, M. Relatou que o esposo trabalha numa casa de Umbanda Cruzada ou Traçada, isto é, no mesmo local físico são realizados dois ritos diferentes: quinzenalmente, um dia é dedicado à Umbanda, enquanto em outros dias o culto é de Nação. Relatou que o marido só trabalha nos dias em que há o rito de Umbanda, não sendo iniciado na Nação.

Diagnóstico

Após terem efetuado o desdobramento induzido, os médiuns da corrente perceberam espíritos zombeteiros no lar que se aproveitavam do fluido da médium, criando esses efeitos nos aparelhos e nas lâmpadas. As animosidades no lar eram sugestionadas por esses espíritos com a finalidade de desequilibrar a médium para que deixasse de trabalhar na casa espírita.

Atendimento, técnicas e procedimentos

Com acesso aos campos energéticos da consulente, foram recolhidos esses espíritos zombeteiros com o amparo das entidades que trabalham na linha de Omulu e dos exus. Foi realizada, com a técnica, uma limpeza energética no lar. Após esses procedimentos, A foi encaminhada para outra sala e passamos a atender seu marido, M, que também solicitava atendimento.

História clínica do esposo

M, 39 anos, sexo masculino, casado, trabalhador de uma casa de Umbanda Traçada, especificamente trabalha no dia do rito de Umbanda. Não fez assentamento das suas entidades nem camarinha (bori de iniciação à religião), raspagem de cabeça ou uso de quaisquer tipos de sacrifícios animais, específicos ao culto de Nação. Desejando sair da casa, sente-se incomodado, pois há uma imposição velada da ialorixá (dirigente) para que ele faça as iniciações do rito da Nação. O consulente tem medo de pedir seu desligamento, pois tem certeza de que haverá represálias, pois foi alertado diretamente pela dirigente de que sua vida desmoronará com sua saída, se ele não fizer as "obrigações" necessárias, regiamente pagas a essa sacerdotisa. Além disso, ele tem duas imagens na casa de culto: cigano e exu, que, pelo seu entendimento, as entidades poderiam ficar presas pelo poder da ialorixá, que não libera as imagens aos médiuns que saem da corrente.

Diagnóstico

Realizado, com técnicas, o desdobramento induzido dos campos do consulente, perceberam-se entidades maléficas ao comando mental da dirigente, que tinham como propósito desestabilizar o casal, forçando M a decidir pela iniciação no outro rito que não é peculiar à Umbanda que ele idealiza e tem fé.

Atendimento, técnicas e procedimentos

Foram invocadas entidades de Ogum para que prevaleça a vontade do consulente. Também foi trabalhado na vibração de Xapanã, Xangô e Iemanjá.

Após a limpeza, foi invocado o Exu que trabalha junto com o consulente, firmando-o pela mecânica de incorporação, mostrando que não havia necessidade de imagem ou qualquer outro tipo de assentamento vibratório para que seu Exu ou cigano se manifeste e trabalhe para a caridade em outra casa, pois estão vinculados em tarefas recíprocas pela mediunidade redentora.

Houve o recolhimento de espíritos olheiros que estavam fora do espaço residencial.

Finalizou-se o trabalho realizado no casal, agora juntos de mãos dadas na frente do congá, sendo equilibrados e energizados pela vibração da linha do Oriente.

Orientação

O casal foi convidado a frequentar os dias de gira da casa, palestras, passes para a harmonização no lar, principalmente nesse período de transição. Foi orientado que evitem desentendimentos, reflitam, sejam convictos na decisão e não tenham medo.

Conclusão e histórico espiritual

Para ter mais um filho realizando os procedimentos iniciáticos na Nação que pratica, devidamente pagos, a dirigente da casa ameaçava veladamente a ele e sua família. Aproveitando-se do medo, ameaçava prender e reter nas imagens as entidades que trabalham na linha de Umbanda, impossibilitando a caminhada espiritual de ambos: entidades e M. Ficou bem claro um assédio entre encarnados passando a subjugação espiritual.

Correntes mentais autoinduzidas

O homem, sendo um viajante no tempo, vivencia situações agradáveis ou fatos que vão contra as leis divinas, ferindo a constituição energética do seu espírito. Esses fatos negativos adentrarão a memória consciente da encarnação atual do indivíduo como rememorações traumatizantes, trazendo consigo sensações desarmônicas que se intensificam gradativamente, como um cobrador ferrenho de algo não resolvido pelo espírito imortal.

Trata-se de uma síndrome anímica cuja base está nos medos e nos temores inconscientes vindos de encarnações anteriores. O indivíduo não sabe a origem da desarmonia; muitas vezes são crises de pânico, levando a uma desestruturação do sistema nervoso. Os sintomas surgem na forma de medo e pânico sem causa definida, crises de ansiedade extrema, palpitações no coração, sudorese, insônia, pesadelos, pensamentos suicidas, desestruturando a personalidade e levando a um quadro de psicopatia. Como as correntes mentais parasitas autoinduzidas têm sua origem nas vivências pretéritas mal-resolvidas, o indivíduo com esse desequilíbrio se liga vibratoriamente a espíritos sofredores que estão presos nessas conchas astromentais, alimentados pela auto-obsessão do indivíduo.

É necessário o acompanhamento de um psicoterapeuta, com ou sem uso de remédios, para atenuar os sintomas físicos, junto com um tratamento espiritual para a retirada dos sofredores no seu campo energético, passes de harmonização e evangelhoterapia, remédio fundamental nesses casos.

O equilíbrio será adquirido pela persistência do ser em melhorar, modificar hábitos insalubres, fortalecer a fé, ter força de vontade e alegria de viver.

Auto-obsessão

O homem, não raramente, é o obsessor de si mesmo.[3]

A auto-obsessão é um vínculo de natureza anímica que independe de qualquer outra mente, isto é, o indivíduo é o obsessor de si mesmo. Não possuindo vínculo com outras consciências, não é influenciado por elas, em um primeiro momento. Instala-se a partir das ações e reações anímicas, de natureza subjetiva, inerentes à vida consciencial da própria pessoa, encarnada ou desencarnada. Esse processo pode ter origem em vivências e experiências traumáticas desta vida, em ressonâncias da própria pessoa em encarnações passadas, ou em função de seu comprometimento cármico. Nesses casos, não se constata a influência de um agente atuando exteriormente.

Esclarece-nos André Luiz: *Através da invigilância, da autopiedade, do medo ou do exagero de determinados problemas ou impressões, as pessoas podem tornar-se "vítimas de si mesmas", nos domínios das moléstias fantasmas.*[4]

Allan Kardec, aludindo à problemática auto-obsessiva, esclarece: *Alguns estados doentios e certas aberrações que se lançam à conta de uma força oculta, derivam do espírito do próprio indivíduo.*[5]

Ao descrever que o homem não raramente é seu próprio obsessor, o codificador adverte da corriqueira manifestação das pessoas, transferindo a culpa pela sua situação aos outros, isentando-se, assim, de qualquer responsabilidade. Entretanto, os estados doentios lançados como culpa dos outros são derivações do próprio espírito do indivíduo. Na verdade, são doentes da alma, que necessitam da terapia adequada e fraterna para o reequilíbrio. Essas pessoas são o tipo clássico que percorre os consultórios e tratamentos, não sendo,

---

[3] Allan Kardec. Obras Póstumas – 1ª Parte – Manifestações dos Espíritos – item 58.
[4] André Luiz. Estude e Viva. Cap. 28.
[5] Allan Kardec. Obras Póstumas – 1ª Parte – Manifestações dos Espíritos – item 58.

porém, constatada nenhuma anomalia ou enfermidade. Vivem de suas recordações pretéritas, tentando manter a vida degradante de outrora.

Uma das características dessas obsessões são as dramatizações das coisas de seu cotidiano; sofrem por antecipação; utilizam-se de seu imaginário doentio de ciúmes, orgulho e vaidade, e criam situações em que a vítima são eles mesmos.

Esse processo obsessivo pode levar a um estado mais avançado, em que o desequilíbrio possibilita que espíritos desencarnados atuem em seus campos, terminando por instalar, assim, um novo campo obsessivo, agora de maior gravidade. O esforço individual e o tratamento adequado, quer na seara espiritual, quer na medicina terrena, junto com a evangelhoterapia, substituirá pouco a pouco os comportamentos inadequados e as atitudes infelizes por novos padrões mais salutares e otimistas de comportamento.

Esses pacientes devem perceber e se convencer de que a cura está neles mesmos.

Capítulo 8

RESSONÂNCIA
DE VIDAS PASSADAS
E DESPOLARIZAÇÃO
DOS ESTÍMULOS DA MEMÓRIA

Conceito de ressonância de vidas passadas

Ressonância é um fenômeno que ocorre na natureza e que a ciência nos explica pela física. Para ter mais entendimento de como se dá esse fenômeno, recorremos a dois exemplos simples: o primeiro se dá ao som das cordas de um piano ou de um violão que ressoa dentro de suas "caixas". Quando as cordas de um violão estão afinadas, ao se dedilhar o quinto trasto[6] da sexta corda, percebe-se que a quinta corda começa a vibrar simultaneamente com a sexta corda, mesmo quando se interrompe a emissão do som da sexta corda. A energia de uma corda se transmitiu à outra: diz-se, então, que a quinta corda entrou em ressonância.

O segundo exemplo está no átomo. Sabemos que os elétrons giram em torno do núcleo em orbitais energeticamente definidos. Para um elétron saltar para um orbital mais elevado, é preciso um

---
[6] Cada um dos filetes metálicos que, no braço dos instrumentos de corda, orientam a posição dos dedos.

quantum de energia com frequência específica. Essa frequência atômica específica é denominada "frequência ressonante".

Na visão holística, sabemos que o espírito que ora habita um corpo físico traz consigo arquivos de toda a sua história vivida em encarnações anteriores. Essas experiências de outras vidas se encontram no inconsciente – mente não física – sem que o consciente – cérebro físico – tenha acesso.

Nesse arquivo milenar, estão registrados todos os momentos e as experiências vividas pelo espírito. Lá encontraremos situações de felicidade e traumas, bem como situações de dores e perdas, os amores vividos, os erros e os acertos, enfim, todos os fatos, sentimentos e emoções estarão gravados e guardados na memória perene do viajante do tempo.

A ressonância ocorre quando algum fato vivido em encarnação pretérita, seja ele positivo ou negativo, está repercutindo (interferindo) na vida atual.

Essas cenas poderão ocorrer na forma de *flashes*, lembranças fragmentadas ou apenas transferências vibratórias, numa intensa repetição, do inconsciente para o consciente da atual encarnação.

O gatilho ressonante poderá ser um gesto, um fato sem muita importância, uma paisagem ou algo simples praticado pelo indivíduo, que fará a ponte ou ligação do passado para o presente. Quando essa ressonância se dá com fatos que geraram alegria, saúde e prosperidade, a repercussão na vida atual será benéfica, gerando sentimentos de completa felicidade e bem-estar. Mas se o gatilho ressonante for um fato triste, de sofrimento, perda, escravidão ou outro trauma do passado remoto, passará a desequilibrar ou acentuar o sofrimento atual do indivíduo.

Quando os médiuns apômetras percebem que os desequilíbrios são agravados por uma ou mais ressonâncias, é necessário, por meio de técnica específica, cortar a ligação mental e emocional do indivíduo com as vivências passadas que o desequilibraram para que o quadro atual normalize ou atenue o seu quadro de desequilíbrio.

O aumento do sofrimento do indivíduo por ressonância se dá pela sintonia de sofredores desencarnados que se ligam pelo psiquismo mental e emocional do quadro formando "bolsões" ou uma grande egrégora contendo centenas e até milhares de espíritos presos, vibratoriamente, em sofrimento. Para melhor entendimento de como se formam esses bolsões de sofredores, transcreveremos a explicação de Ramatís:

Suponhamos um encarnado abruptamente desligado do corpo físico por um acidente traumático, um incêndio. No Astral, esse ser vê-se indefinidamente na situação do desencarne abrupto, como se eternas labaredas lhe fritassem as carnes, num quadro de demência que cria continuamente formas-pensamentos do cenário fatídico, como teatro real plasmado com personagens fictícios, que são criados pela mente em desequilíbrio. Num certo instante desse processo dantesco, outros espíritos na mesma condição mental estabelecem faixa sintônica com essa egrégora criada pelo primeiro desencarnado, que até então estava sozinho na sua louca ideação. E, assim, sucessivamente, outras entidades na mesma condição existencial, todas queimadas pelas chamas na Terra, vão se juntando como fiéis personagens de um roteiro escrito pelas mesmas sensações e emoções em desalinho. Está estabelecido o que denominais de "bolsões de espíritos sofredores", tal qual uma gigantesca bolha que é plasmada no Umbral Inferior e que mantém imantados grupos de espíritos à sombra da sua circunferência. Atrai cada vez mais entidades para o seu interior, por poderoso processo de influxo magnético-mental coletivo que afeta sobremaneira os que se afinizam com a área de influência. (Norberto Peixoto, pelo espírito Ramatís, in Evolução no Planeta Azul, Ed. do Conhecimento.)

Quando há o merecimento do consulente, sem que o grupo de médiuns ultrapasse o seu livre-arbítrio, a espiritualidade autoriza a captação do fato através de catarse em um médium, podendo, assim, realizar a despolarização.

O recolhimento desse bolsão de sofredores se dará por meio de técnica específica com atuação das entidades que amparam o grupo mediúnico. Poderão ocorrer manifestações nos médiuns de um ou mais sofredores deste bolsão, oportunizando a abertura energética desta bolha para que a espiritualidade possa realizar o recolhimento, encaminhando-os para tratamento e esclarecimento nos hospitais no Astral.

Como nada acontece sem a vontade do Pai, o indivíduo encarnado, pelo seu desequilíbrio, passará a ser o instrumento de caridade para que a espiritualidade possa recolher este bolsão, contendo milhares de espíritos em sofrimento, socorrendo-os, tirando-os daquela monoideia, para que possam dar continuidade à sua caminhada evolutiva, e o encarnado em questão será aliviado da pressão mental/emocional gerada pelo bolsão, reencontrando o equilíbrio espiritual.

Despolarização dos estímulos de memória

Toda vez que aplicarmos energias específicas de natureza magnética na área cerebral do espírito encarnado ou desencarnado, com a finalidade de anularmos estímulos eletromagnéticos registrados nos "bancos da memória", os estímulos serão apagados por efeito de despolarização magnética neuronal, e o paciente esquecerá o evento relativo aos estímulos. (José Lacerda de Azevedo, in Espírito/Matéria, Ed. Casa do Jardim.)

Nosso cérebro é composto por neurônios que se comunicam entre si por pulsos eletromagnéticos – chamados sinapses – que formam uma espécie de rede eletromagnética na malha neuronal.

Esses pulsos magnéticos ocorrem em razão dos giros dos elétrons ao redor dos núcleos dos átomos dos neurônios do cérebro, que podem ser tanto no sentido horário como no sentido anti-horário.

Quando se instala uma ressonância de vidas passadas, ocorre um desequilíbrio dos giros dos elétrons, desorganizando as polaridades positivas e negativas do campo eletromagnético de um determinado foco da malha sináptica, uma espécie de "curto-circuito" localizado. Isso se manifesta por meio de estímulos neuronais que se refletem negativamente no campo psíquico atual do consulente, na forma de pensamentos fixos, traumas, fobias, emoções descontroladas, antipatias sem causa aparente, ideias fixas, pensamentos parasitas e, também, problemas físicos crônicos (diabetes, asma, hipertensão, mal de Parkinson, menorragia, úlcera crônica, entre outros).

A despolarização é a interferência nesse giro alterado dos elétrons, fazendo com que voltem a girar no sentido adequado, sem entrechoques, reorganizando, assim, os fluxos eletromagnéticos da malha neuronal, harmonizando-os.

É importante ressaltar que a memória em si desses acontecimentos traumáticos de vidas passadas não é apagada ou destruída, permanece intocada no arquivo milenar do indivíduo. O que ocorre é a eliminação ou a atenuação dos estímulos negativos que tais recordações provocam no campo psíquico atual do atendido. Em outras palavras, corta-se a conexão entre o acontecimento da vida pregressa e o campo psíquico atual, uma espécie de "desligamento".

A técnica da despolarização pode ser aplicada tanto em encarnado como em desencarnado; neste último caso, quando incorporado em médium durante o atendimento.

Não se deve confundir a despolarização dos estímulos de memórias passadas com terapia de vidas passadas; são procedimentos completamente distintos.

Na terapia de vidas passadas, o indivíduo é conduzido de forma a rememorar eventos passados, vivenciando ele próprio a catarse, para paulatinamente expurgar do seu campo psíquico os efeitos negativos que eles lhe causam, isso ao longo de vários atendimentos.

Já a despolarização pode ser feita uma única vez e o atendido não fica sabendo as causas de seu problema. Quem faz o trabalho é o corpo mediúnico, através de percepções autorizadas pelo plano espiritual, dentro do seu merecimento. Os médiuns sensitivos têm acesso a essas faixas vibratórias do passado e, sintonizados a elas, captam e sentem em si próprios as emoções, os traumas e até as dores físicas do atendido, absorvendo-os e retirando-os do campo vibratório do consulente, aliviando-o em suas somatizações, escoando-os através das catarses vivenciadas durante o atendimento. O expurgo se dá pelos médiuns, numa espécie de exaustão catártica que verterá pelos corpos etérico e físico do aparelho mediúnico, numa purgação que desfaz o estímulo de memória que está "vivo" na rememoração atual do encarnado, embora não totalmente consciente.

Parece complexo, e de fato é, porém é importante ressaltar que são os benfeitores espirituais que interferem diretamente na reorganização dos fluxos eletromagnéticos da malha neuronal, cabendo ao aplicador da técnica a execução dos comandos que fornecerão o suporte energético para o trabalho do Plano Espiritual.

Também é importante salientar que o principal sinal de que as imagens ideoplásticas e demais percepções captadas pelos sensitivos são de fato provenientes de um quadro traumático de vivências passadas do atendido são as sensações, as emoções e as dores, ou seja, as catarses vivenciadas pelos médiuns, o que não ocorre quando tais percepções são "plantadas" por espíritos mal-intencionados.

Quando necessário, pode-se proceder a um processo inverso, a polarização de novos estímulos no campo psíquico do atendido, fixando nele vivências agradáveis, de felicidade e alegria, pensamentos positivos, que irão se contrapor aos estímulos negativos agora desligados e serão um poderoso auxílio para a tomada de uma nova atitude em sua vida, tarefa cuja responsabilidade é exclusiva do consulente e que será determinante para o sucesso do tratamento (reforma íntima). Neste caso, a técnica é empregada sem a troca de mãos, porque o que se quer é o estabelecimento de um fluxo contínuo e harmônico no campo vibratório do consulente. Esse procedimento é de ordem magnética e nada tem a ver com hipnose ou sugestão.

A despolarização pode ser utilizada também nos casos em que há ressonâncias de situações vivenciadas na atual encarnação, ou então de comportamentos atávicos que se repetem por personalidade atual do encarnado e que estejam afetando negativamente o psiquismo do indivíduo, atuando em seu subconsciente e manifestando-se por meio de transtornos anímicos auto-obsessivos dos mais variados (depressão, ansiedade, comportamentos compulsivos, neuroses etc).

É bom esclarecer, ainda, que durante a execução da técnica de despolarização é feito o recolhimento dos espíritos sofredores que possam estar imantados às faixas vibratórias do atendido. Sem isso, o procedimento não será completo. A despolarização efetuada no atendido acarreta, também, o desligamento desses sofredores do campo psíquico do consulente, porém, sem o seu recolhimento e encaminhamento às instituições de auxílio no Plano Astral, eles ficariam "soltos" e desorientados, podendo, inclusive, permanecer junto à pessoa atendida ou a algum dos sensitivos.

Relato de caso

VR, 45 anos, sexo feminino, solteira. Trabalha profissionalmente numa loja e na residência da patroa. Esta última tem um filho esquizofrênico, tendo a consulente mencionado esse fato inúmeras vezes. Relata, também, que bebia, saindo para festas durante a semana e chegando atrasada ao serviço. Está mal-humorada, irritada e tem se isolado das pessoas. Reclama de sentimentos confusos e que algo a incomoda, sem conseguir identificar o porquê da causa.

Percebeu que esse estado mental, psíquico e emocional se agravou com o início dos trabalhos na casa de Umbanda à qual está vinculada. Observamos que é comum o médium expurgar traumas e recalques quando assume uma tarefa mediúnica, independentemente da denominação religiosa da casa que o abriga.

Diagnóstico

Realizado o desdobramento induzido com acesso aos campos energéticos da consulente, o grupo percebeu um quadro de ressonância do passado desencadeando os desequilíbrios relatados por ela. O filho da patroa esquizofrênico foi o gatilho, vindo à consciência recordações fragmentárias tormentosas de uma encarnação anterior.

Atendimento, técnicas e procedimentos

Primeiro, houve manifestação dos exus, entidades que auxiliam e dão cobertura nos planos e nas energias mais densas. Pela incorporação de dois médiuns, essas entidades "limparam" os campos energéticos da consulente recolhendo e fazendo os desligamentos vibratórios desses bolsões de espíritos degradados na faixa tempo-espaço. Esses bolsões de espíritos foram encaminhados para tratamento no Plano Astral pelas entidades que amparam o grupo mediúnico.

Em seguida, foi cantado um ponto do Caboclo Pena Branca, ativando nos médiuns o trabalho de desobsessão. Nesse momento, um médium incorporou um espírito sofrido, desesperado, totalmente machucado pelo tratamento violento e inadequado de um sanatório no tempo passado. Esse espírito foi amparado e encaminhado pelos pretos velhos.

Outra médium queixou-se de fortes dores nas costas, cabeça enorme e dor no estômago. Viu-se numa cela fria e escura, toda amarrada e deitada no chão, uivando, tendo sido encaminhada pelas entidades que trabalham na linha de preto velho. Este quadro também se passa num sanatório.

Após todos os recolhimentos, foram alinhados os chacras, harmonizando os corpos sutis com o amparo do Povo do Oriente.

Orientação

Passes magnéticos e continuar com os trabalhos de caridade na casa que frequenta. Dedicar um tempo para si. Lazer sadio, amizades.

Conclusão e histórico espiritual

A consulente trabalha há muitos anos na casa da sua patroa, tendo ela um filho esquizofrênico que acionou o quadro de ressonância de vidas passadas. Ocorre que a consulente, em vidas passadas, cuidou de um sanatório e torturava os pacientes por mero "divertimento". Como na época de outrora, VR não trabalhava o lado espiritual, afogava suas recordações fragmentadas na bebida e na vida desregrada, recaindo no momento presente num mesmo comportamento padronizado atávico, por impulso comportamental aflorado do inconsciente – da memória perene do espírito – e esquecido na atual encarnação.

Com o esclarecimento espiritual, largou a bebida e a vida que levava, percebendo, então, o desequilíbrio emocional e mental que era mascarado por atos irresponsáveis.

A confusão mental era sintonia dos espíritos presos nos bolsões vibrados ainda no estado de sofrimento.

VR verbalizou a falta de humildade que se cobra e tenta trabalhar. Em vidas pregressas, exercia poder de torturador e hoje se penaliza inconscientemente pelos atos, sendo despolarizadas essas faixas de mandos e torturas.

Capítulo 9

CAMPOS MAGÍSTICOS DO PASSADO VIBRANDO NO PRESENTE E SÍNDROME DE APARELHOS PARASITAS

Arquepadia

Arquepadia é a magia feita em vidas passadas que passa a vibrar na encarnação presente, agravando o estado psíquico-mental e emocional do ser. Esses campos criados no passado, vibrados no magnetismo negativo, têm origem em maldições, pactos, vingança ou inveja por meio de rituais, que vão contra as leis harmônicas do Universo. Essa energia fica imantada no campo Astral do indivíduo, precisando escoar numa encarnação futura. Os sintomas muitas vezes são dores de cabeça sem diagnóstico médico, sensação de medo ou pânico, sensação de abafamento, impressão de estar amarrado ou acorrentado, entre outras sensações negativas.

Sabemos que todo campo de magia poderá ser alimentado negativamente por espíritos sofredores e, no caso da arquepadia, o indivíduo sofrerá ação desse "bolsão" magístico. Será necessário destruir este campo, recolhendo, antes, os espíritos que lá estão presos por anos ou séculos e encaminhá-los para o hospital no Astral para tratamento e esclarecimento, conforme o estágio de entendimento e merecimento de cada um.

Síndrome dos aparelhos parasitas

Técnica obsessiva que requer do obsessor muito estudo e conhecimento do corpo físico e de sua contraparte etérica, mais histórico reencarnatório, junto com as fraquezas da vítima. São aparelhos de alta tecnologia, inseridos no sistema nervoso etérico, geralmente no bulbo, no cerebelo, nos lobos frontais, na medula espinal, entre outros locais, com o objetivo de desarmonizar o psiquismo do indivíduo, podendo levá-lo ao suicídio, conforme o grau de maldade do obsessor, e à não procura de tratamento por parte do encarnado.

Esses aparelhos são acionados por um dispositivo eletroeletrônico com a finalidade de interferir nas sinapses das células nervosas. As sinapses nervosas são os estímulos – impulsos nervosos – que passam de um neurônio para o seguinte por meio de mediadores químicos, os neurotransmissores, através da fenda sináptica.

São disparados por sentimentos negativos, causando curto-circuito nas redes sinápticas e provocando dores de cabeça, distúrbios psicológicos, desestabilizando chacras e as glândulas correspondentes de cada um, intensificando quadros mórbidos e, consequentemente, originando doenças das mais variadas.

Esses aparelhos estão ligados intimamente aos pensamentos mais profundos guardados no arquivo milenar do espírito (inconsciente) e, também, por fatos gerados em vidas anteriores, ainda não resolvidos. Esses fatos passarão a ser o ponto principal gerador de todas as emoções em desequilíbrio no indivíduo, no momento presente.

Por algum descontrole emocional ou mental momentâneo, o indivíduo sintonizará com o fato escolhido pelo obsessor. Essa sintonia se dará com a ajuda do aparelho parasita, atuando em seu ser, desequilibrando e agravando a situação psíquica, mental e emocional em que ora se encontra.

Relato de caso

RL, 55 anos, sexo masculino, casado. Queixa-se de muitos acidentes seguidos, envolvendo as pernas. Ora é um acidente de moto, ora é o pé quebrado ou torcido. Comentou que esses transtornos começaram há mais ou menos seis meses, prejudicando-o no seu trabalho. Acrescentou, também, que está havendo muito atrito na família, tendo ideias fixas de traição da sua esposa. Não sente vontade de voltar para casa. Relata que são os piores seis meses de sua vida.

Diagnóstico

Após o relato do consulente, o grupo mediúnico teve acesso ao seu campo energético por meio do desdobramento induzido. Percebeu-se um campo de magia realizado por um desafeto com a finalidade de prejudicar o seu trabalho profissional, e que atingiu seu relacionamento com a esposa. Esse campo de magia era alimentado por uma magia de passado vibrando ainda no presente, cuja origem deveu-se a trabalhos pagos realizados por inimigos de outrora, para desestabilizar a união promissora anterior em que RL era a esposa rica e cobiçada por todos.

Atendimento, técnicas e procedimentos

Abertos os campos do consulente, foi realizado um rebaixamento vibratório para acessar esse campo magístico e verificar a existência de seus mandantes e sofredores envolvidos. Para isso, foi preciso o auxílio das entidades que trabalham nas vibratórias de Ogum e dos exus, para o desmanche desse campo e a retirada de um implante parasita localizado no sistema nervoso central que emitia ondas de baixa vibração com o intuito de desarmonizar e criar na mente do atendido "lampejos" de cenas de encarnações pretéritas, de ciúmes e traições, entre o casal, que ao longo das encarnações se reveza nos papéis de marido e mulher, para vencerem as dificuldades com base no amor, respeito, compreensão e aceitação das diferenças. Tal implante parasita era acionado e alimentava-se das correntes eletromagnéticas emitidas pelo sistema nervoso central, diante dos destemperos ao qual se entrega, com acessos de ira e descontrole emocional frente aos problemas que não consegue resolver.

Complementando a ajuda dos exus, foram cantados pontos do Caboclo Ubirajara e de pretos velhos feiticeiros que trabalharam diretamente nas pernas do consulente.

Houve recolhimento dos obsessores e sofredores deste campo e de uma ressonância de vidas anteriores, em que vivenciou a traição que ainda repercute confusamente em suas lembranças, e que é alimentada pelo remorso que o acompanha, fato este utilizado pelos obsessores para acentuar a queda de RL. Todos eles foram tratados e encaminhados para o HGC ou outros locais, conforme o merecimento de cada um, pela espiritualidade que ampara o grupo.

Orientação

Foi orientado a vigiar seus pensamentos. Observar quais pensamentos são realmente seus e aqueles que não forem, eliminar. Retornar dali a um mês para uma reavaliação, se necessário.

Conclusão e histórico espiritual

O consulente relatou que, na sua profissão, há muitos olhares de ameaça e que é ciente de que muitas pessoas de sua convivência profissional estão envolvidas com a magia negativa para realizar seus desejos. Esse trabalho magístico teve como origem um desentendimento profissional.

Espíritos sem nenhuma moralidade, a mando de um encarnado, implantaram um aparelho parasita que era acionado conforme RL ficava nervoso e destemperado. Esse implante induzia pensamentos fixos de traição da esposa, reforçando o quadro mental. Essas entidades da sombra se aproveitaram de uma história do casal em outra vida, desestabilizando a relação.

Quando a obsessão ou magia envolve um familiar, o resultado da ação negativa é quase imediato. Lembrando que a família é a segurança, o refúgio e o carinho de que necessitamos para enfrentar os desafios da vida.

Capítulo 10

A INVOCAÇÃO DAS LINHAS E ORIXÁS NA APOMETRIA

O que são Orixás?

Etimologicamente, a palavra Orixá significa "a divindade que habita a cabeça" – Ori é cabeça, Xá é rei. O termo Orixá faz parte da cosmogonia nagô irorubana, uma das diversas etnias africanas trazidas para o Brasil. Nos antigos Vedas, já aparece o termo Purushá, como essência associada à cosmogonia universal. Nos textos sagrados do hinduísmo – Upanishads –, é o ser supremo, o eterno, e contempla nosso próprio ser, de que é profundo conhecedor, a testemunha, a consciência pura, isolada dos sentidos em suas relações com a matéria. No esoterismo de Umbanda, faz-se a associação de Orixá como uma corruptela de Purushá, significando "Luz do Senhor" ou "Mensageiro do Senhor" e tendo relação com a cabeça – Ori – de cada um de nós, pois nossa centelha ou mônada espiritual é igualmente chispa de luz do Criador Universal.

Podemos afirmar que os Orixás são aspectos vibracionais diferenciados da Divindade Maior – Deus. Assim o são porque cada um dos Orixás tem peculiaridades e correspondências próprias ao se rebaixarem e se fazerem "materializados" na Terra: cor, som, mineral, planeta regente, elemento, signo zodiacal, essências, ervas, entre outras afinidades astromagnéticas. Em verdade, em sua essência primeva, são altas irradiações cósmicas indiferenciadas, antes do rebaixamento vibratório até o plano em que vive a humanidade, propiciando a expressão da vida em todo o planeta.

Assim como é em cima, é em baixo. O ser humano é um microcosmo reflexo do macrocosmo. Não por acaso, o organismo físico em funcionamento contém todos os elementos planetários: ar, terra, fogo e água. Todos nós temos, a cada encarnação, a influência mais intensa de um determinado Orixá, que podemos chamar de "Pai de Cabeça". Essa força cósmica, que é regente de frente, é conhecida como Eledá, responsável por nossas características físicas e psicológicas, de modo que reflitamos os arquétipos ou as características comportamentais peculiares ao Orixá que nos rege. Os demais Orixás que nos influenciam são conhecidos como Adjuntós ou Juntós – adjuntos – e têm especificidades conforme a ordem de influenciação, da maior para a menor, em segunda, terceira, quarta e quinta estância, ou atrás e nas laterais esquerda e direita da cabeça, compondo o que denominamos, na Umbanda, de coroa mediúnica do médium.

Atuam ainda na coroa do médium de Umbanda os espíritos Guias e as Entidades, que têm compromisso com a tarefa mediúnica, abraçada juntamente no Plano Astral antes da reencarnação do médium. Os espíritos na Umbanda trabalham enfeixados por linha vibratória, organizada por Orixá, tema que aprofundaremos no próximo capítulo.

Na Umbanda, de maneira geral, não consideramos os Orixás como espíritos individualizados em evolução, embora nossas irmãs das religiões afro-brasileiras entendam, majoritariamente, os Orixás como ancestrais divinizados, ou seja, espíritos que já encarnaram no passado e foram heróis em suas comunidades e nações, incorporando-os numa linha de ancestralidade remota. Na concepção teológica rito-litúrgica que predomina na Umbanda, os Orixás são energias criativas divinas de alta voltagem sideral, impossíveis de serem expressas e incorporadas pelo mediunismo de terreiro. Quem se manifesta pela mecânica de incorporação são os espíritos falangeiros dos Orixás, que trabalham agrupados por linha, que, por sua vez, estão agrupadas pela irradiação de cada Orixá.

Em contrapartida, em casos específicos, é possível incorporar a forma-pensamento de um Orixá, a qual é plasmada e mantida pelas mentes dos encarnados. Certa feita, durante uma sessão de preto(a) velho(a), eu estava na abertura dos trabalhos, na hora da defumação. O congá "repentinamente" ficou vibrado com o Orixá Nanã, que é considerado a mãe maior dos Orixás e o seu axé (força) é um dos sustentadores da egrégora da Casa desde a sua fundação, formando par com Oxossi. Faltavam poucos dias para o amaci (ritual de lavagem da cabeça com ervas maceradas), que tem por finalidade fortalecer a ligação dos médiuns com os Orixás regentes e guias espirituais. Pedi um ponto cantado de Nanã Buruquê, antes dos cânticos habituais. Fiquei envolvido com uma energia lenta, mas firme. Fui transportado mentalmente para a beira de um lago lindíssimo e o Orixá Nanã me "ocupou", como se entrasse em meu corpo Astral ou se interpenetrasse com ele, havendo uma incorporação total. Vou explicar com sinceridade e sem nenhuma comparação, como tanto vemos por aí, como se a manifestação de um ou outro (dos espíritos na Umbanda *versus* os dos Orixás em outros cultos) fosse mais ou menos superior, conforme o pertencimento de quem os compara a uma ou outra religião. A "entidade" parecia um "robô", um autômato sem pensamento contínuo, levado pelo som e pelos gestos. Sem dúvida, houve uma intensa movimentação de energia benfeitora, mas, durante a manifestação do Orixá, minha cabeça ficou mentalmente vazia, como se nenhuma outra mente ocupasse o corpo energético do Orixá que dançava, o que acabei sabendo depois tratar-se de uma forma-pensamento plasmada e mantida "viva" pelas mentes dos encarnados.

No dia a dia dos terreiros, não é incomum nos referirmos aos enviados dos Orixás como o próprio Orixá. Então, um caboclo de Ogum, Oxossi ou Xangô é chamado respectivamente de Ogum, Oxossi ou Xangô.

Os Orixás cultuados no Grupo de Umbanda Triângulo da Fraternidade, do qual o autor é dirigente e fundador, que abrigam os espíritos ancestrais que se "acomodam" em linhas de trabalho, são os seguintes: Oxalá, Yemanjá, Xangô, Ogum, Iansã, Oxum, Oxossi, Nanã e Omulu. Esses Orixás formam a Coroa de Irradiação do Terreiro, disposta na forma de assentamentos vibratórios dentro do Espaço Sagrado, visíveis a todos e democratizados para o uso comum de toda a comunidade.

Temos, ainda, os Orixás individuais de cada médium, que compõem a coroa mediúnica pessoal, isto é, o Eledá e os Adjuntós. Podemos dizer que, associados ao Ori – cabeça – de cada medianeiro, se aglutinam os Guias e Guardiões espirituais, espíritos que são consciência, têm inteligência e compromisso de trabalho com o médium, que se farão manifestar por meio da mecânica de incorporação, irradiação intuitiva, inspiração, vidência, audiência e demais "dons" mediúnicos, nas tarefas caritativas que foram previamente combinadas no Plano Astral antes do reencarne do médium.

No Grupo de Umbanda Triângulo da Fraternidade, o "diagnóstico" e o "levantamento" da coroa mediúnica individual são realizados com a prática mediúnica no terreiro associada ao Jogo de Búzios – Merindilogun. Para tanto, são necessários, em média, para efetivar a bom termo esta "leitura", de cinco a sete anos de pertença legitimada pela vivência interna templária, participando ativamente dos ritos estabelecidos em conformidade com o calendário litúrgico da comunidade religiosa.

Forma de apresentação dos espíritos

Caboclos

Os caboclos, de maneira geral, são espíritos que se apresentam na forma de índios brasileiros, sul ou norte-americanos, que dispõem de conhecimento milenar do uso de ervas para banhos de limpeza e chás para auxílio à cura das doenças. Nem sempre são só curadores, pois também servem na irradiação de Ogum como valentes guerreiros. São entidades simples, diretas, por vezes altivas, como velhos índios guerreiros. Com sua simplicidade, conquistam os corações humanos e passam confiança e credibilidade aos que procuram amparo. São exímios nas limpezas das carregadas auras humanas e experientes nas desobsessões e nos embates com o Astral inferior.

Pretos velhos

Os pretos velhos, tanto espíritos de idosos africanos escravizados e trazidos para o Brasil como de negros que nasceram em solo pátrio, são símbolos de sabedoria e humildade, verdadeiros psicólogos de profundo conhecimento dos sofrimentos e das aflições humanas. A todos esses espíritos missionários consolam amorosamente, como faziam antigamente, inclusive nas senzalas, após longo dia de incansável trabalho físico.

A infinita paciência em ouvir as mazelas e choramingas dos consulentes faz dos pretos velhos as entidades mais procuradas nos terreiros. Assim como os caboclos, usam ervas em suas mandingas e mirongas. Suas rezas e invocações são poderosas. Com suas cachimbadas e fala matreira, espargem fumaça sobre a pessoa que está recebendo o passe e higienizam as auras com larvas astrais e energias negativas. Com seus rosários e seu grande amor, são notáveis evangelizadores do Cristo e, com muita "facilidade", doutrinam os obsessores que acompanham os consulentes.

Demonstram que não é o conhecimento intelectual ou a forma racial que vale no atendimento caridoso, mas a manifestação amorosa e sábia, de acordo com a capacidade de entendimento de cada filho de fé que os procura.

Crianças

As crianças nos trazem alegria e o poder da honestidade, da pureza infantil. Aparentemente frágeis, têm muita força na magia e atuam em qualquer tipo de trabalho. Essa vibratória serve, também, para elevar a autoestima do corpo mediúnico, após atendimentos em que foram transmutados muita tristeza, mágoa e sofrimento. É muito bom ir para casa depois de uma sessão "puxada" no terreiro, impregnados da alegria inocente das crianças.

Africanos

Muitas entidades se apresentam como africanas no Grupo de Umbanda Triângulo da Fraternidade. São falangeiros de Ogum, Xangô, Oxossi e dos demais Orixás, que, juntamente com os caboclos, atuam na egrégora da casa para fazer a caridade. É preciso dizer que a forma de apresentação dos espíritos não altera o fundamento, pois, infelizmente, ainda é grande, mesmo por dentro da Umbanda, o preconceito com tudo o que remete à África. Inclusive, em determinada época de nossa história, houve a tentativa de "desafricanizar" a Umbanda, que falhou e, atualmente, está cada vez mais enfraquecida.

Quando da fundação do Grupo de Umbanda Triângulo da Fraternidade, tive uma experiência marcante com os falangeiros dos Orixás, notadamente com o do Orixá Nanã. Antes de fazermos o primeiro rito interno de firmeza do congá, reunindo todos os demais médiuns, tínhamos acabado de realizar, com auxílio somente de mais três médiuns, a consagração da tronqueira de Exu – campo de força de proteção onde se apoiam do Astral as entidades guardiãs do terreiro –, e, ao chegar à minha residência, caí imediatamente em transe profundo, inconsciente no corpo físico, mas consciente em desdobramento astral. Vi-me em Corpo Astral num barracão enorme de madeira. Tinha uma pequena cerca que separava o terreiro propriamente dito da assistência e de um outro espaço onde ficava a curimba – atabaques.

O local onde as pessoas ficavam tinha vários bancos feitos de tábuas e, atrás, uma espécie de arquibancada de três a quatro lances. Eu estava em pé no meio do terreiro, de chão batido, quando se abre uma porta na frente e começa a entrar um séquito de espíritos africanos paramentados como Orixás, todos nagôs, com suas vestimentas típicas, cores e adornos peculiares. Eles vieram ao meu encontro dançando, um a um, e formaram uma roda à minha volta. Por último, entra Nanã, impecável em sua vestimenta ritual azul-claro, feita tipo uma seda bordada em detalhes roxos, ficando sentada aos fundos numa caldeira de encosto alto com o seu ibiri – instrumento ritual – na mão. Ficou evidente a ascendência de Nanã sobre os demais Orixás – espíritos presentes. Houve uma comunicação em pensamento na minha tela mental, sobre o meu compromisso com a forma africana de culto e louvação aos Orixás na Umbanda, em conformidade com sérios compromissos ancestrais, confirmado pelo encontro astral: Nanã, sentada no espaldar alto, de semblante austero e suave, sendo saudada pelos demais Orixás. Em reverência respeitosa, eu a saudei. Voltei do transe sonambúlico, "acordando" no corpo físico com a convicção de que Nanã foi a "fundação" do terreiro, como se esse Orixá fosse – e é – os alicerces e as fundações da comunidade umbandista, uma casa de caridade construída, e Oxossi, o regente do congá, fosse o telhado e as paredes.

Agradecemos ao Criador pela assistência dos espíritos que se apresentam na forma africana. Assim, vamos gradativamente resgatando nosso passado ancestral e nos reequilibrando diante das Leis Divinas.

Orientais

Os orientais se apresentam como hindus, árabes, marroquinos, persas, etíopes, chineses, egípcios e tibetanos, e nos trazem conhecimentos milenares. São espíritos que encarnaram entre esses povos e que ensinam ciências "ocultas", cirurgias astrais, projeções da consciência, cromoterapia, magnetismo, entre outras práticas para a caridade que não conseguimos ainda transmitir em palavras. Por sua alta frequência vibratória, criam poderosos campos de forças para a destruição de templos de feitiçaria e de magias negativas do passado, libertando os espíritos encarnados e desencarnados. Incentivam-nos no caminho da evolução espiritual, por meio do estudo e da meditação; conduzem-nos a encontrar o Cristo interno, por meio do conhecimento das leis divinas aplicadas em nossas atitudes e ações; atuam com intensidade no mental de cada criatura, fortalecendo o discernimento e a consciência crística.

Ciganos

Os ciganos são espíritos ricos em histórias e lendas. Foram nômades em séculos passados, pertencentes a várias etnias. Em grande parte, são do antigo oriente. Erroneamente são confundidos com cartomantes ociosas de praças públicas que, por qualquer vintém, leem as vidas passadas. São entidades festeiras, amantes da liberdade de expressão, excelentes curadores, trabalham com fogo e minerais. Cultuam a Natureza e apresentam completo desapego às coisas materiais. São alegres, fiéis e ótimos orientadores em questões afetivas e de relacionamentos humanos. Utilizam comumente, nas suas magias, moedas, fitas, pedras, perfumes e outros elementos para a caridade, de acordo com certas datas e dias especiais sob a regência das fases da Lua.

Outras formas de apresentação dos espíritos

Quanto às demais formas de apresentação das Entidades na Umbanda, entendemos que fazem parte da diversidade regional desse enorme país, estando de acordo com os agrupamentos terrenos. Por exemplo: os boiadeiros pertencem a uma falange de espíritos que estão ligados à economia fortemente baseada na agropecuária; os marinheiros se manifestam mais intensamente nas regiões litorâneas que dispõem de portos, como o Rio de Janeiro; os baianos, no Sudeste, com ênfase para o estado de São Paulo, onde sempre foi intensa a migração de nordestinos. Isso ocorre porque a Umbanda é um movimento religioso mediúnico de inclusão e, como tal, propicia a manifestação de todas as formas e raças espirituais, segundo o compromisso cármico assumido entre encarnados e desencarnados.

As linhas de trabalho

Não devemos confundir as linhas de trabalho com os Orixás. Um mesmo Orixá pode ter sob sua irradiação mais de uma linha vibratória de trabalho. Até hoje, desde o surgimento da Umbanda, em 1908, não se chegou a um consenso de quais sejam as linhas. Muito se fala em sete linhas de Umbanda, mas somos da opinião de que são mais que isso. Observemos que, ao longo do tempo, não somente a compreensão do que sejam as linhas como também sua quantidade se alteram, pelo fato de a Umbanda ser uma religião de inclusão. Nada é rígido na espiritualidade e não podemos conceber o movimento Astral da Umbanda, altamente dinâmico, como algo engessado, símile a um quartel com organograma fixo.

O exemplo clássico disso que estamos afirmando é a Linha dos Baianos e dos Malandros, que foram introduzidas *pari passu* com o crescimento da Umbanda no meio urbano das grandes cidades do centro do país, como São Paulo e Rio de Janeiro. É uma característica regional que ganhou espaço no imaginário umbandista e, consequentemente, na sua contraparte espiritual, abrigando muitas entidades afins, assim como os Boiadeiros nas regiões Centro, Oeste e Norte, ou os cangaceiros, mais para o Nordeste. Da mesma forma, a Linha dos Marinheiros, que se consolidou nas grandes cidades litorâneas, nada mais natural pelo tamanho da costa marítima que temos e pela importância que os portos e o comércio aduaneiro tiveram na história recente do crescimento econômico brasileiro.

A Umbanda, por ser uma religião de inclusão, adapta-se às diversas regiões geográficas do país, aproximando-se melhor das consciências que moram nesses locais, e, a partir daí, faz a caridade, numa linguagem adaptada à compreensão do senso comum vigente.

Após essas conceituações, vamos elencar as principais linhas de trabalho:

Linha de Oxalá

Talvez seja a linha de vibração mais sutil e que se condensa em todas as demais. Em nossa opinião, as entidades do oriente fazem parte dela, que também pode ser considerada uma linha de trabalho independente, que abriga as entidades ancestrais de antigas tradições curadoras e que são exímias na área de saúde e no esclarecimento de pontos de doutrina.

Linha das águas ou povo d'água

Atua, sobretudo, na irradiação de Iemanjá e Oxum, representando o poder feminino da gestação e da maternidade. Relaciona-se aos pontos de forças da natureza das águas doces e salgadas; suas manifestações são suaves e são representadas pelas caboclas. Tem influência sobre o emocional, apaziguando os ânimos, levando embora as tristezas, reequilibrando os chacras e trazendo calma e tranquilidade.

Linha de Xangô

São os caboclos que atuam com as forças energéticas das pedreiras, das montanhas e das cachoeiras. São os Senhores da Lei, da justiça, guardiões do carma (lei de ação e reação), procuradores dos tribunais divinos.

Linha de Ogum

O Orixá Ogum rege os caboclos que atuam na sua vibratória. Aqui cabe relembrar que a forma de apresentação espiritual de caboclo prepondera, mas não é a única. Muitas entidades se apresentam como africanas ou indo-chinesas, até antigos samurais, enfeixados na irradiação de Ogum. São os vencedores, que combatem as demandas, os guerreiros místicos, os mediadores das lutas nos choques cármicos, enérgicos, ativos, vibrantes e decididos.

Linha de Oxossi

Esta vibratória significa ação envolvente e nela Jesus pregava usando a oralidade. São os grandes comunicadores da Umbanda, ou seja, os pescadores de almas, caçadores que acertam na doutrina, esclarecendo as consciências como flechas certeiras. São exímios aconselhadores, invocando as forças da espiritualidade e da natureza, sobretudo das matas. Esta linha é famosa por ser a linha da maioria dos caboclos. Especialmente as matas têm a ação de Oxossi, que, no processo de "umbandização" dos Orixás, absorveu os atributos de Ossain, originalmente o Orixá das folhas, regente da seiva vegetal ou axé verde. Assim, na Umbanda, é Oxossi o conhecedor das ervas e também o grande curador.

Linha das crianças ou ibejis – erês

Cremos que esta é a linha vibratória mais sutil da Umbanda. Espíritos que se apresentam como crianças chamam-nos a atenção quanto à pureza da alma, necessária para a libertação deste ciclo de reencarnações sucessivas. Não por acaso, Jesus dizia "vinde a mim as criancinhas", ou seja, o estado de consciência crística é semelhante à "pureza" e à inocência dos pequeninos. As crianças da Umbanda "quebram" a nossa rigidez, fazem cair nossas máscaras e couraças do ego, que disfarçam realmente quem somos. Ensinam-nos a sermos menos sisudos e a importância da alegria, do lúdico e da leveza na existência humana, indispensáveis para que não deixemos morrer nossa criança interna.

Certa vez, disse-nos um preto velho que, onde uma criança pisa, não tem feitiço que resista e obsessor que não se amanse. É a mais pura verdade, pois é exatamente isso o que ocorre quando as crianças "descem" em seus médiuns. Essas entidades utilizam-se muito pouco de elementos materiais e, por vezes, de doces e guaranás, que são imantados com suas vibrações e servem como catalisadores das energias curativas – e cada um recebe proporcionalmente à sua necessidade individual.

Linha das santas almas do cruzeiro divino

Esta é uma linha cultuada no Grupo de Umbanda Triângulo da Fraternidade. São os nossos amados pretos velhos, bentos e bentas, que vêm por meio de suas mandingas e mirongas para nos trazer conforto, consolo e orientação. Com suas atitudes humildes, incentivam-nos ao perdão e a sermos mais perseverantes e menos sentenciosos perante a vida. São exímios benzedores, curando os mais diversos tipos de enfermidades. Com suas rezas, poderosas imprecações magísticas, movimentam os fluidos mórbidos que são desintegrados pela força de "encantamento" de suas palavras.

Linha dos ciganos

Os ciganos na Umbanda trabalham, sobretudo, pela nossa liberdade, fazendo-nos conectar com a fonte cósmica de abundância universal. Temos muita dificuldade, pelas doutrinas castradoras que confundem pobreza de espírito com miséria material, de exercitarmos e nos concedermos o direito de auferirmos prosperidade em nossas vidas.

Há que se esclarecer que a Magia do Povo Cigano, ou Magia Cigana, como popularmente é conhecida, quase nada tem a ver com as Entidades de Umbanda que se manifestam nesta linha de trabalho. Os espíritos atuantes na religião nesta linha trabalham sob o domínio da Lei Divina e dos Orixás, conhecem magia como ninguém, mas não vendem soluções mágicas ou adivinhações. São exímios curadores e trabalham com a energia dos cristais e com a cromoterapia.

A Linha dos Ciganos nos traz axé – força – para abundância, fartura espiritual e prosperidade em nossas vidas.

Nota do autor sobre o povo cigano

É preciso falar um pouco sobre a origem dos ciganos para entender seu trabalho e por que ele é realizado na Umbanda. Primeiramente, temos de desmitificar a imagem do andarilho cigano, malandro, ladrão, sequestrador de criancinhas, falastrão, desonesto. Isso foi fruto do preconceito diante dessa etnia livre e alegre, sobretudo pelo fato de a crença deles não ser católica, religião dominante, confundida com os estados monárquicos por muito tempo. Os ciganos chegaram ao Brasil oficialmente em 1574. Existiam disposições régias proibindo-os de entrar em Portugal. Em 15 de julho de 1686, Dom Pedro II, rei de Portugal, em conluio com o clero sacerdotal da Igreja, determinou que os ciganos de Castela fossem exterminados e que seus filhos e netos (ciganos portugueses) tivessem domicílio certo ou fossem enviados para o Brasil, mais especificamente para o Maranhão. Dom João V (1689-1750), rei de Portugal, decretou a expulsão das mulheres ciganas para as terras do pau-brasil. Por anos a fio, promulgaram-se dezenas de leis, decretos e alvarás exilando os ciganos para os estados de Maranhão, Recife, Bahia e Rio de Janeiro, onde se encontravam os núcleos populacionais mais importantes da colônia portuguesa. Esse mesmo rei, Dom João V, proibiu os ciganos de falar o romani, uma de suas línguas. Afirma-se que as mais importantes contribuições dos ciganos para o progresso e a prosperidade de nosso país são negligenciadas até hoje pelos historiadores e pelos livros escolares. Eles foram coparticipantes da integração e da expansão territorial brasileira. Ouso afirmar, ainda, que, se não fossem os ciganos, as comunidades de antigamente, pequenos centros habitacionais e vilarejos teriam progredido muito mais lentamente. Os portugueses e africanos que vieram para cá não eram nômades. Os lusitanos procuravam fixar-se em terras de além-mar, e os africanos fixavam-se a estes últimos como escravos. Então, de norte a sul, de leste a oeste, em todos os lugares, lá estavam os ciganos, livres, viajando em suas carroças, negociando animais, arreios, consertando engenhos, alambiques, soldando tachos, levando notícias, medicamentos, emplastros e também dançando, festejando e participando de atividades circenses. Alegres, prudentes, místicos, magos e excelentes negociantes, quando chegavam aos vilarejos conservadores, era comum senhoras se benzerem com os rosários em mãos, esconderem as crianças nos armários, pois chegavam os ciganos com suas crenças pagãs. Assim como os espíritos de negros e índios foram abrigados na Umbanda, por falta de espaço para suas manifestações nas lides espíritas, todas as raças encontraram no mediunismo umbandista a liberdade de expressão. Os fatores mais importantes que permanecem em um povo, desde a mais remota antiguidade, são de consistência espiritual, com manifestação nos sentimentos e no modo de ser mais íntimo, oriundos de comportamentos típicos, frutos da memória coletiva, ou seja, de uma herança ancestral.

Linha dos marinheiros

A Linha dos Marinheiros está ligada ao mar e às descargas energéticas. A descarga de um terreiro deve ser feita sempre ao final dos trabalhos caritativos. No caso específico do Grupo de Umbanda Triângulo da Fraternidade, não temos aconselhamentos públicos com esta vibratória. Os marinheiros, adestrados psicólogos, conhecem profundamente a hipocrisia humana. Espíritos calejados, viajaram e conheceram muitos países ao redor do mundo, são ecléticos e versáteis, nos ensinando a ter mais jogo de cintura; simbolicamente, nos ensinam a ficar em pé, mesmo com o sacolejo do navio, que balança, mas não cai.

São exímios destruidores de feitiços, cortam ou anulam todo "embaraço" que possa estar dentro de um templo ou, ainda, próximo aos seus médiuns trabalhadores. Infelizmente, muitos interpretam mal esta linha ou, o que é pior, são mistificados por espíritos beberrões que comparecem nos trabalhos para se embriagar, sorvendo os eflúvios etílicos de seus médiuns. Muitas casas deixam correr livres as bebidas alcoólicas, o que não tem nenhuma ligação com a genuína Umbanda; beber mediunizado, fato gerado por incúria de dirigentes e médiuns despreparados.

O espírito-chefe da falange dos marinheiros que atua em nossa egrégora foi um marujo português que veio para o Brasil no início da colonização; disse chamar-se Zé Luzeiro. Sua tarefa era guiar as embarcações que chegavam à Baía de Guanabara com mantimentos de Portugal até a costa, de forma segura. Por vezes, isso se dava à noite e, pela iminência de tempestade, entrava com seu pequeno barco e um candeeiro de óleo de baleia içado na proa (daí ser conhecido como Zé Luzeiro). Disse-nos que, assim como guiava as embarcações até um local seguro e evitava que elas encalhassem, nos ajudaria a conduzir as almas perdidas na crosta para o porto seguro do mundo espiritual.

Zé Luzeiro coordena a falange de marinheiros para fortalecer as descargas energéticas que ocorrem ao final de cada sessão, auxiliando na condução, para o mundo dos espíritos, de irmãos sofredores desencarnados que estavam "grudados" nos consulentes. Não podendo ficar na contrapartida Astral do terreiro em atendimento, são conduzidos pelos marinheiros para outro local vibratório mais indicado para eles, no plano espiritual.

Terminando essas breves elucidações sobre a linha dos marinheiros, seguem as palavras do próprio Zé Luzeiro:

Dia chegará em que teremos memória integral e, sem o esquecimento transitório que nos faz suportar o retorno de nossos atos passados, conseguiremos mais saldo positivo que negativo na balança existencial. Hoje sou só Zé Luzeiro, um marinheiro ao dispor dos Orixás, a mando de nossa Mãe Iemanjá. Amanhã, só quem sabe é Olurum. O certo é que continuarei sendo um espírito entre idas e vindas do meu barquinho nas marolas do mar revolto da vida imortal, numa onda brava encarnado, noutra mais calma desencarnado.

Linha dos boiadeiros

Essas entidades trabalham de forma muito parecida com os caboclos Capangueiros de Jurema; são aguerridos, valentes, representam a natureza desbravadora, romântica, simples e persistente do homem do sertão, o "caboclo sertanejo". São os vaqueiros, boiadeiros, laçadores, peões e tocadores de viola; o mestiço brasileiro, filho de branco com índio, índio com negro etc. Também são "semelhantes" aos pretos velhos, pois representam a humildade, a força de vontade, a liberdade e a determinação que existe no homem do campo em sua necessidade de conviver com a natureza e os animais, sempre de maneira simples, mas com força e fé muito grandes.

Podem ser regidos tanto por Oxossi quanto por Iansã, pois eles têm muita autoridade de conduzir os espíritos sofredores – seus laços de laçar são campos de força de retenção no Astral – da mesma forma que conduziam as boiadas no campo quando encarnados.

Linha dos malandros

A Umbanda, sendo uma religião de inclusão, dá abertura a todos para virem fazer a caridade. Os espíritos da Linha dos Malandros são oriundos dos grandes centros urbanos, notadamente o Rio de Janeiro. São cordiais, alegres, foram músicos, compositores, poetas, escritores, boêmios, dançam gingado quando incorporam, apresentam-se usando chapéus ao estilo Panamá e sua tradicional vestimenta é calça branca, sapato branco (ou branco e vermelho), terno branco, gravata vermelha e bengala. Ensinam-nos, sobretudo, o jogo de cintura que devemos ter para "driblar" os desafios da vida nas metrópoles.

Assim é o malandro, simples, amigo, leal, camarada e verdadeiro. Nunca se deixa enganar e desmascara sem cerimônia a hipocrisia e a mentira. Apesar da figura folclórica do malandro urbano, de jogador, preguiçoso, são espíritos trabalhadores, benfeitores e detestam que façam mal ou enganem as pessoas. Têm grande capacidade espiritual para desamarrar feitiços e desmanchar trabalhos feitos. São *experts* para desembaraçar conflitos interpessois no campo dos relacionamentos afetivos, notadamente quando as vítimas foram "magiadas".

Linha dos baianos

De modo geral, os baianos na Umbanda são espíritos alegres e um tanto irreverentes. Possuem grande capacidade de ouvir e de aconselhamento, conversam com calma e nunca se apressam, falam baixo e mansamente, são fraternais e passam segurança aos consulentes. São os espíritos responsáveis pela "esperteza" do homem em sua jornada terrena, que veio para a cidade grande e venceu todas as vicissitudes, muitas vezes pegando pesado como braço operoso na construção civil. No desenvolvimento de suas giras, nos terreiros que fazem sessões públicas com esta linha, os baianos trazem como mensagem principal o ensino para saber lidar com as adversidades de nosso dia a dia, enfatizando a alegria, a flexibilidade e a brincadeira sadia, assim descomprimindo o psiquismo pesado dos consulentes, fazendo-os se abrir, pois ficam à vontade e descontraídos na frente de um médium incorporado com um baiano.

Muitos desses espíritos foram descendentes de escravos que trabalharam no canavial e no engenho. Foram iniciados por dentro das religiões de matriz africana, tendo um conhecimento muito grande das ervas e da magia. São habilidosos nos desmanchos de feitiçarias diversas, espíritos calejados e preparados para as demandas energéticas que ocorrem no astral.

Atuação dos falangeiros na vibração dos orixás na Apometria

A personalidade do grupo de Apometria no Grupo de Umbanda Triângulo da Fraternidade foi se formando com o tempo; a união, a cumplicidade, a preocupação com o irmão, o conhecimento que cada um adquiriu na longa caminhada da vida foram sendo divididos com os demais e, assim, entre erros e acertos, o grupo foi amadurecendo. Nessa caminhada, fomos formando um método de trabalho apométrico que se configurou a partir da visão do que acontece no grupo, seguindo a metodologia de análise e releitura dos casos, tentando compreender os motivos que fizeram os espíritos e as energias estarem presentes em cada um dos distintos momentos de uma noite de atendimentos.

Com base nessa ideia, percebemos que o grande motivo da presença das entidades são as pessoas. Com isso, identificamos dois grupos distintos, tratados a seguir.

O primeiro são os médiuns trabalhadores do grupo, pessoas comprometidas com a egrégora espiritual da casa. O trabalho se dá em parceria: os médiuns e suas entidades – no compromisso cármico assumido antes de reencarnar – e com outras entidades, sem vínculo cármico. Essas entidades se integram à egregora apométrica, por ligações com o consulente ou com os obsessores, ajudando no encaminhamento e na aceitação de mudança de atitude, ou são entidades da egrégora da casa, cujos médiuns não são trabalhadores da Apometria e se utilizam do canal mediúnico disponível na noite do atendimento. Ambos os grupos auxiliam nas percepções e na execução do trabalho.

O segundo grupo são as pessoas que buscam atendimento apométrico – muito heterogêneo, composto por médiuns e não médiuns, simpatizantes da casa ou apenas visitantes. Muitas vezes, os atendidos desse grupo só aparecerão uma vez na casa, mas isso não significa que não mereçam ser atendidos. Todos são atendidos de acordo com o merecimento de cada um.

A nossa configuração apométrica deu-se em agregar dois tipos de trabalho: a aplicação das técnicas apométricas por meio da mentalização dos médiuns e a invocação das entidades (linhas) ou a vibração das energias (Orixás), com pontos cantados, facilitando a incorporação nos procedimentos aplicados.

A exigência do trabalho de Apometria, diante de uma condição expressa do Grupo de Umbanda Triângulo da Fraternidade, é o estudo constante, a observação e a prática de terreiro de Umbanda, conhecendo e aprendendo em que momento e quais entidades devemos invocar nos atendimentos. Essa experiência é obtida nos momentos de desenvolvimento mediúnico proporcionado pelo Grupo de Umbanda Triângulo da Fraternidade, após os atendimentos de caridade ao público, num dia específico da semana. Quanto mais entrarmos em contato com as entidades e as energias, e mais nos aprofundarmos nos temas umbandistas lendo a obra de autores sérios, melhor identificaremos em que situação iremos invocar tais presenças.

O atendimento individualizado em corrente mediúnica permite o acesso ao que chamamos de *ficha cármica* do atendido, que contém suas inúmeras experiências e situações nas diversas encarnações daquele espírito. Essa estrutura é composta de várias camadas (como se fosse uma cebola), em que as mais externas estão mais próximas do consciente e as mais profundas, do inconsciente. Em cada uma delas, teremos pendências cármicas e a presença de entidades, normalmente desajustadas, que precisam encontrar uma melhor situação de equilíbrio espiritual. É nesse momento que a sensibilidade mediúnica precisa estar aberta e aguçada para que se permita alavancar, energética e animicamente, o trabalho dos guias e dos protetores que se fizerem presentes. Sempre se faz necessário lembrar que as pendências cármicas envolvem grupos de espíritos com histórias afins e, ao entrarmos energeticamente nessas relações, teremos respostas de entidades com evolução para auxiliar os seus companheiros que ainda permanecem na erraticidade.

Os falangeiros utilizam as energias dos Orixás de diversas maneiras para cumprir suas missões de socorro e auxílio de encarnados e desencarnados em vários tipos de atendimentos, mas é no modelo apométrico que observamos o quanto a espiritualidade é cuidadosa e meticulosa em suas ações corretivas e educacionais. Abaixo faremos alguns comentários observados pelo grupo nos atendimentos em relação à atuação das linhas de trabalhos e energias dos Orixás.

Oxalá e Oriente

Atuam diretamente no restabelecimento da religiosidade e da fé dos atendidos, encarnados e desencarnados. Complementam a ação de outras linhas em situações de depressão profunda e doenças psicológicas onde a autoestima é baixa. Fazem a distribuição ou "descida" vibratória das outras linhas e entidades. Adequado cantar no início dos trabalhos e nas situações que requerem atuação da chamada linha ou agrupamento do Oriente e dos médicos do Astral. Invocamos a linha do Oriente para plasmar a ala médica e a instrumentação cirúrgica no Astral, no alinhamento dos chacras e do magnetismo, no término do trabalho individual de Apometria e ao realizar a técnica de dialimetria.

Povo d'água

Situações em que existam dificuldades de exercer liderança ou organização de pensamentos e tarefas (família, trabalho, grupos sociais etc). Também muito utilizada nas limpezas magnéticas do ambiente de trabalho, dos médiuns e dos consulentes. O Povo D'água trabalha os desequilíbrios emocionais, deixando "desaguar" as energias negativas retidas no ser, trazendo alívio.

Quando os atendidos necessitarem despertar ou firmar sentimentos de amor fraterno no grupo familiar ou em outros relacionamentos interpessoais, é uma energia magneticamente reconstrutora de sentimentos e emoções. Trabalha o aconchego, o amor da mãe pelo ser no período fetal, passando pelo nascimento até a infância. Reestrutura laços, firmando o amor incondicional entre mãe e filhos, cuja ligação amorosa se torna frágil pela situação cármica dos envolvidos. Muitas vezes, é o algoz e a vítima de anos que terão a oportunidade de mudar os padrões de vivência negativos.

Xangô

Entidades desta vibração se fazem presentes sempre que houver violações de direitos e deveres espirituais, principalmente do livre-arbítrio. Trabalham muito em parceria com as entidades de Ogum, Omulu e Exu para restabelecer a ordem natural das situações.

Invocamos o Orixá ou seus caboclos (linha) quando há necessidade de verificação de causas pretéritas, traumas do passado que estão necessitando de equilíbrio e é justo conforme a lei do carma e ocorrências que estão desrespeitando o livre-arbítrio do consulente. Quando espíritos de má índole se aproveitam do desequilíbrio do consulente e, por vingança, aumentam seu mal-estar, colocando em seu campo energético sofredores, magia negativa, ou implantam aparelhos que emitem baixa vibração, essas informações são fornecidas pelos guias através dos médiuns, por clarividência, intuição ou incorporação.

Xangô (Orixá) é invocado após o desdobramento do consulente e com a abertura dos campos energéticos. Quando os médiuns não recebem nenhuma informação da espiritualidade sobre o consulente, nenhuma percepção, não há incorporação, então rogamos, através de pontos cantados, o agô (permissão) de Xangô, o auxílio para clarear a situação do consulente para que o corpo mediúnico possa atuar sem ultrapassar os limites que a sua lei impõe.

Ogum

Os falangeiros de Ogum atuam restabelecendo a força de vontade e a condição de enfrentamento dos desafios diários. Quando trabalham junto com os exus, promovem o encaminhamento dos obsessores para os planos condizentes com o seu peso específico, bem como ajudam a formar e a sustentar os campos de defesa da casa.

As entidades desta linha irão realizar o trabalho de demanda, lutar contra as falanges das "sombras", se antepor frontalmente aos feiticeiros do umbral inferior, criando uma barreira vibratória magnética no Astral. Atuam fortalecendo a vontade, o ânimo para a vida, podendo se manifestar na linha do Oriente imprimindo essas qualidades no consulente. No final dos trabalhos da noite, de acordo com as necessidades, invocamos Ogum nos diversos entrecruzamentos (Ogum Iara, Megê, Sete Ondas, Sete Espadas, Beira-Mar, Naruê, sobretudo Ogum de Ronda), tirando toda a energia negativa ou os espíritos de baixa vibração que estão nos pontos de força dos Orixás ou na área etérica/astral do terreiro.

Oxossi

Formam um grande grupo de trabalho que se divide em:

Curadores: trabalham manipulando o magnetismo da natureza na forma de luzes, plantas, minerais, essências, ectoplasma etc., executando curas e cirurgias astrais.

Corrente desobsessiva: ação ativa em trabalhos de contramagia por conhecerem profundamente a utilização magnética dos elementos mágicos ou por dominarem a arte de infiltração, captura e espionagem das bases umbralinas.

Iansã
Invocada toda vez que os atendidos necessitarem de mudanças (oxigenação) de hábitos, pensamentos e emoções. Também invocamos para o deslocamento e a mudança de desencarnados. A vibração dessa yabá auxilia nos casos em que o consulente está com a sua energia pessoal muito baixa ou com pensamentos obsessivos repetitivos. Muitas das bombogiras trabalham na energia de Iansã, corrigindo bloqueios energéticos do duplo etérico.

Omulu/Obaluaiê
Todo trabalho de alta magia, liberação dos guardiões exus, é feito por esta vibratória, no momento do recolhimento de sofredores e obsessores, fazendo frente aos trabalhos de exu. Obaluaiê e Xapanã – desmembramento de Omulu – trabalham doenças e chagas físicas, principalmente doenças de pele.

Nanã Buruquê
Após trabalhos "pesados" de contramagia, desmancho, quando forem libertos muitos espíritos sofredores da escravidão, invocamos esta grande mãe – Senhora do Plano Astral –, que irá encaminhá-los com todo o amor aos locais apropriados ao seu entendimento e merecimento. A vibração de Nanã acolhe os espíritos sofredores no mundo espiritual como uma grande mãe acolhe seus filhos no colo.

Linha dos Pretos Velhos

Como profundos conhecedores da magia prática, trabalham quando há necessidade de intervenções delicadas causadas por campos mentais densos ou construídos através da magia elemental, com o intuito de comprometimento da organização dos corpos sutis, parasitismo. Normalmente se manifestam para aconselhar o consulente sobre a melhor maneira de enfrentar e resolver suas dificuldades.

Crianças

Trabalham profundamente na psicologia dos atendidos, principalmente quando há visão e compreensão dos acontecimentos de forma equivocada ou com sentimentos de injustiça desproporcionais à realidade. Despertam a simplicidade de sentimentos e a alegria de viver e de se relacionar com as pessoas.

Ciganos

Despertam a alegria de viver e de bem viver, independentemente dos problemas que se tenham. Trabalham as lembranças das comemorações e dos momentos felizes em grupo para contrapor tendências depressivas e isolacionistas. Envolvem o consulente com energias de abundância, prosperidade, desapego sem culpa e liberdade.

Exus

Normalmente é o primeiro grupo a se manifestar, pois promove a limpeza e o encaminhamento das energias mais densas, preparando os campos para a intervenção das entidades de outras linhas.

Linha dos Malandros

Trabalham dentro da realidade do consulente, encaminhando espíritos que vibram no campo da malandragem, da esperteza, aproveitando-se da ingenuidade alheia, para fortalecer a vontade de não ser dependente dos vícios – alcoólicos, tóxicos etc.

Baianos

Ensinam a lidar com as adversidades do dia a dia com alegria e flexibilidade. Trabalham, também, nas demandas. Esta linha é composta por espíritos muito matreiros, espertos, conhecedores dos "tipos" de personalidades. Trabalham finalizando os processos de magia com o recolhimento de espíritos sofredores e aproveitadores da situação do consulente.

Marinheiros

Espíritos que se enfeixam na vibratória de Iemanjá, conhecedores da psicologia humana, encaminham amorosamente os espíritos ainda perdidos no tempo/espaço. Trabalham energias densas, encaminhando-as ao reino desta yabá. Trabalham a rigidez, ensinando a ter jogo de cintura, a flexibilidade perante as adversidades do grande mar que é a vida.

Todas as entidades ligadas a cada Orixá trabalham em conjunto e ao mesmo tempo no atendimento com Apometria, e a movimentação dessas falanges se dá sempre que necessário, com base no merecimento do consulente. As técnicas são realizadas simultaneamente com as manifestações das entidades, dentro de uma ordem e com a orientação do dirigente.

Esse tipo de trabalho mediúnico inevitavelmente é de uma universalidade convergente atemporal, ou seja, quando entramos no campo energético de um consulente, estamos interagindo com seu espírito, que já teve milhares de encarnações em várias épocas e condições diferentes na Terra. Nós temos que ter o coração aberto para todo tipo de manifestação e de forma alguma devemos tecer julgamentos sobre a dor de quem quer que seja, pois do nosso passado não sabemos. Cremos que a Umbanda é a mais rica e propiciatória religião mediúnica à pesquisa do espírito eterno com a técnica chamada Apometria exatamente pela sua essência: o amor universal que se perpetua pelos tempos imemoriais.

Capítulo 11

MERECIMENTO

O que vem a ser o merecimento? Sorte é Merecimento? Nossa vida é clara e transparente, nada acontece por acaso. Ninguém tem sorte, ela é puro merecimento. A sorte nada mais é do que uma colheita. O nosso destino está nas nossas mãos. Temos o livre-arbítrio de o alterarmos quando bem entendermos. Uma coisa é a nossa missão aqui no planeta; outra é como a desempenharemos. Com mais ou menos sofrimento é nossa real opção. Obviamente, o destino pode ser mudado. O que não se muda nem se altera é o aprendizado. É com ele que evoluímos. As pessoas têm sorte? Não. Elas têm merecimento!

Se um dia você comprou algo de um repassador e sabe que é roubado, acabou de criar energia de perda. Não importa o preço que lhe foi oferecido. É roubado. Não serve para você. Todos os objetos possuem energia. Foram pensamentos que os contaminaram ou iluminaram. Sua vida vai começar a ficar atrapalhada.

Para merecermos uma vida melhor e sem tantos percalços, comecemos a produzir boas energias e a praticar bons princípios. Tudo começa e termina em nós mesmos. Nada é criado pelos outros. Se você proceder corretamente, você vai ter sorte! Você fez por merecer? Costumamos reclamar muito para reivindicar nossos direitos, mas dificilmente fazemos um exame de consciência, para nos perguntarmos se realmente fazemos o nosso dever para merecer aquilo que reclamamos! Quantas vezes reclamamos a Deus porque não conseguimos alcançar algo que estávamos desejando? Aquilo que muitas vezes reclamamos ao Pai como filhos mimados que se acham no direito de receber o que desejam sem ter feito nenhum esforço para merecê-lo! Normalmente, aqueles que reclamam e gritam mais são os que merecem menos. Para fazer por merecer, não precisamos de muito; basta darmos o melhor de nós. Portanto, antes de reclamar por nossas frustrações, devemos fazer por merecer.

As leis morais ou divinas nos alertam que a lei de causa e efeito está relacionada com o exercício do livre-arbítrio durante toda a nossa jornada encarnatória; portanto, para toda causa que provocarmos existe um efeito proporcional àquilo que causamos, seja pelo bem ou pelo mal. São leis naturais aplicadas em duas realidades dimensionais, a material e a espiritual. Tudo leva a crer que o critério do merecimento tenha relação direta com o processo de reforma íntima (moral) que o beneficiado esteja vivenciando na vida atual, já que, pelo senso de amor e justiça das leis divinas, na vida humana nada acontece por acaso e tudo tem uma razão de ser e existir. Conforme as leis divinas, e principalmente pela lei de causa e efeito, somos hoje a soma do que temos sido em vidas passadas. As leis universais não podem ser alteradas; elas são imutáveis.

Essas leis garantem o funcionamento harmonioso da criação divina, sem elas o caos prevaleceria. O livre-arbítrio é uma dádiva do Criador que nos dá a liberdade de escolher o nosso caminho e o tempo que levaremos para percorrê-lo. Portanto, somos totalmente livres. A grande consciência cósmica nos ama tanto que coloca em nossas mãos o poder da liberdade de escolha, acreditando que somos capazes de evoluir e de nos reintegrar ao todo com total consciência de quem somos servindo amorosamente à luz e sendo felizes.

O livre-arbítrio é, então, cada um de nós decidindo a cada momento aonde quer ir, qual caminho seguir, o que quer fazer. Assim, o conceito de livre-arbítrio, um dos principais aspectos das leis divinas que regem a vida nesta dimensão, fala da responsabilidade que temos de efetuar escolhas conscientes em cada momento da nossa vida, pois realizar escolhas conscientes exige de nós a lembrança de que cada atitude nossa terá, obrigatoriamente, uma consequência. Essa é a grande questão.

Na maioria das vezes, nossas escolhas têm um fundo muito egoísta, vendo sempre o que é melhor para nós, sem nos darmos conta de que as pessoas com as quais convivemos também serão afetadas por elas, de uma forma ou de outra. Tudo o que fazemos tem uma consequência, toda ação gera uma reação das pessoas ou do universo. Muitas vezes, colocamos sobre o outro a responsabilidade de nossas escolhas ou do caminho que escolhemos. A realidade nem sempre corresponde aos nossos desejos, e aceitar isso é um passo fundamental para o crescimento, para a maturidade e para o alcance de um estado de equilíbrio interior.

Nem sempre podemos resolver tudo sem que alguém saia machucado ou prejudicado. Então, pelo menos, que se resolva de forma que as consequências negativas, se acontecerem, sirvam de aprendizado. E, assim, errando e acertando, caindo e levantando, vamos aprendendo o que nos faz sofrer e o que nos faz felizes.

O livre-arbítrio nos possibilita fazer as coisas erradas ou as coisas certas. Precisamos sofrer para aprender? Precisamos amar para sermos felizes? O livre-arbítrio é uma opção, uma decisão sobre a quem queremos servir: o Deus que está na luz ou o Deus que está no umbral? O livre-arbítrio expressa a responsabilidade que temos sobre as nossas escolhas e as suas devidas consequências. Ele é universal, não uma particularidade apenas do planeta Terra; toda a humanidade cósmica universal o possui de acordo com os vários níveis de evolução. Somos livres para escolher e os únicos responsáveis por nossas vitórias ou derrotas.

A seguir, relatamos um atendimento para ilustrar o tema merecimento e livre-arbítrio.

Relato de caso

APA, 44 anos, sexo feminino, casada. Procurou o grupo relatando que deu um soco no vidro da porta e acabou rompendo o nervo e o tendão da mão direita, fato de que não tem lembrança. Queixa-se de muitas brigas com o marido. Está desempregada e chegando às empresas sempre atrasada, pois as vagas já foram ocupadas. Comentou que parece que os caminhos estão fechados, pois todas as oportunidades só aparecem depois de muita dificuldade dela e do marido. Reclama, também, de não conseguir dormir.

Diagnóstico

Após a verbalização das queixas, o dirigente do grupo abriu os campos energéticos da consulente, por meio de contagens lentas, induzindo-a ao desdobramento. Perceberam-se campos de magia realizados pela própria consulente com o objetivo de melhora financeira, enfim, abrir os caminhos da família.

Atendimento, técnicas e procedimentos

Com os campos abertos e tendo feito o rebaixamento vibratório, não houve manifestação mediúnica, sendo observado o não merecimento de APA em relação às suas queixas, mas percebeu-se a necessidade de recolhimento de sofredores que foram presos nos campos de magia indevidamente, isto é, infringindo a lei de Xangô, para o próprio benefício.

Para que se faça o recolhimento desses sofredores e o encaminhamento ao Hospital Grande Coração para tratamento e esclarecimento, invocamos a falange das bombogiras da calunga – Maria Padilha das Almas – com o amparo de Pai Guiné. Após os recolhimentos desses espíritos em sofrimento, foram fechados os campos da consulente.

Orientação

Para maiores esclarecimentos quanto às leis que regem a vida, principalmente a lei de retorno das ações, foi indicada uma sequência de palestras no dia de caridade que a casa realiza.

Conclusão e histórico espiritual

Com o acesso aos arquivos cármicos da consulente, o grupo percebeu campos de magia realizados nesta encarnação para melhora pessoal, envolvendo sangue como elemento ritualístico. Ao ser indagada pelo dirigente do grupo sobre a realização de algum trabalho magístico para melhora de vida ou saúde, a consulente negou. O grupo já sabia do fato, pois atendeu a irmã de APA momentos antes na entrevista, o que foi comentado pela irmã de APA e confirmado pelos médiuns da corrente através da intuição e da clarividência. O merecimento, neste caso, deu-se aos espíritos sofredores, que foram presos energeticamente nesses campos, ampliando o resultado desejado pelo seu criador.

CONSIDERAÇÕES FINAIS

Jamais devemos colocar nossa vida ou nossa felicidade em mãos de terceiros, porque nem mesmo Deus irá fazer milagres em nossa vida, principalmente aqueles que desejamos para facilitar nosso caminho, nem colocar facilidades ante nossos passos, mas trará Ele tão somente aquilo de que necessitamos para nosso aprendizado e que talvez seja totalmente o oposto daquilo que desejamos no imediatismo de nossos dias.

A Apometria, como qualquer outra prática espiritualista, não interfere no livre-arbítrio. Assim, aquele que optar por "evoluir" pela dor ou pelo sofrimento será respeitado.

O livre-arbítrio moral (sentimentos e pensamentos) pode dificultar qualquer ajuda exterior. Enquanto a pessoa que solicita ajuda não fizer também uma mudança interior, pouca coisa poderá ser feita para ajudá-la.

É preciso compreender que a Apometria não faz milagres, vai acontecer o que Deus quer que aconteça, ou aquilo que estiver programado para o espírito aprender nesta encarnação, ou seja, será colocado em prática no mundo material aquilo que foi aprendido no mundo espiritual; são as provas práticas pelas quais temos que passar para verificar se nosso aprendizado foi proveitoso ou não. É muito simples: se não foi proveitoso e o aluno "rodar" na prova, terá que repetir em outro estágio de sua caminhada espiritual, não necessariamente do mesmo jeito e modo de apresentação.

Quando praticada nos grupos sérios e responsáveis, não promete a cura para quem a procura, porque milagres não existem. Entretanto, muitas pessoas conseguem obter a cura de doenças de uma maneira que, se não fosse a compreensão das variáveis científicas, as mudanças de comportamento, a reforma íntima e o merecimento, a cura poderia ser pensada como um milagre, uma alteração no rumo natural dos fenômenos.

A Apometria é tão somente uma técnica terapêutica de auxílio espiritual, baseada no desdobramento anímico, ou seja, o afastamento dos três corpos pertencentes ao quaternário inferior – duplo etéreo, corpo Astral e mental inferior ou concreto – provocado por um campo de força criado pela mente de outra pessoa ou grupo, por meio do qual se trata outro ser, sintonizando e acessando suas desarmonias e facilitando o desdobramento dos sensitivos médiuns que estão atuando no grupo; o mesmo se dá em relação ao atendido.

O que acontece a partir daí, e que estabelece a abrangência terapêutica do atendimento, é dirigido pelo Plano Espiritual, que sabe o merecimento e até que ponto o exercício do livre-arbítrio do consulente é responsável por suas mazelas, pois a "semeadura é livre e a colheita obrigatória". O êxito de sua aplicação reside na utilização da faculdade mediúnica, para termos cobertura no contato com o mundo espiritual inferior, dado que é este o grande foco de socorro.

Para se trabalhar com Apometria, é necessário conhecer bem as leis e as técnicas por meio do estudo constante e da prática, pois se trata de manuseio de energias, o que exige responsabilidade, amor e discernimento. É indispensável o estudo contínuo para melhor servirmos como médiuns na caridade e acreditar na "magia" da força da mente e na espiritualidade. O conhecimento e a vivência evangélica por parte dos trabalhadores é essencial, assim como responsabilidade, seriedade, amor ao próximo e harmonia pessoal e grupal, pois ninguém passa o que não tem.

O dirigente deve ter absoluta confiança em sua equipe e vice-versa. Qualquer desconfiança abala o trabalho espiritual.

A formação de um grupo de Apometria se dá com o tempo, sendo a espiritualidade maior que os assiste responsável pela permanência ou não de um trabalhador. O movimento de entrada e saída de trabalhadores se dá naturalmente, sem nenhum atrito, pois, na maioria das vezes, é o próprio médium que solicita a saída por motivos pessoais. Mas o segredo de um grupo unido é a cumplicidade e o companheirismo. Cada médium fará sua contribuição, dando o que tem de melhor, seja no conhecimento, na mediunidade mais ostensiva, intuitiva, de incorporação ou clarividência, na disciplina mental necessária para a realização das técnicas. É um mesmo pensamento, uma expressão no olhar que substitui muitas palavras. Por isso, é fundamental que haja um grande amor fraterno entre os membros da equipe. Sintonia perfeita de uns para os outros.

A Apometria não é "mágica" que libera de sofrimento, quando este é necessário para libertação cármica do ser. Muitas vezes, não é autorizada pela equipe espiritual qualquer sintonia com situações de traumas de passado do atendido, por ele não ter merecimento, pois que a "cada um é dado o que é de cada um, nem mais nem menos".

Muitas pessoas chegam para os atendimentos com grandes expectativas milagrosas, esperando regressão a vidas passadas para acessar informações de outras encarnações ou até trocarem o seu carma por um melhor, como se a Apometria fosse um balcão de negociações ou escambo com a espiritualidade. Saem frustradas, pois a orientação que recebem é a básica e tradicional: reforma íntima, mudança de valores e crenças pessoais, e despertamento interior para as questões espirituais. Quando o atendido está com seu merecimento distorcido e o livre-arbítrio desrespeitado, por meio de obsessões e processos magísticos, a Apometria é importante ferramenta, mas por si só não garante nada nem é eficaz.

Nunca informamos ao consulente detalhes sobre suas vidas passadas, o que só alimenta a curiosidade pueril.

É temerário dispensar a mediunidade no exercício da Apometria, pois qual de nós, encarnados, sabe e tem condições de decidir o que fazer e a abrangência energética do que é justo invocar e pedir através da força mental diante do espírito atemporal? Somente o Plano Espiritual e os espíritos benfeitores têm condições de dirigir e determinar o alcance terapêutico dos atendimentos, de acordo com as leis divinas.

REFERÊNCIAS

AZEVEDO, José Lacerda de. *Espírito/Matéria: Novos Horizontes para a Medicina.* 9. ed. rev. atual. Porto Alegre: Casa do Jardim, 2007.
_____. *Energia e Espírito: Teoria e Prática da Apometria.* 3. ed. Caxias do Sul. Gráfica UCS, 2002.
BRENNAN, Barbara Ann. *Mãos de Luz.* 21. ed. São Paulo: Pensamento, 2006.
BUCK, Antonio Geraldo. *Manual Básico de Teosofia.* Campinas: Mystic, 2001.
COSTA, Victor Ronaldo. *Apometria: Novos Horizontes da Medicina Espiritual.* Matão: O Clarim, 1997.
DA MATTA E SILVA, W. W. *Segredos da Magia de Umbanda e Quimbanda.* 6. ed. São Paulo: Ícone, 2015.
DAMIANI, Maria Helena B. *Chakraterapia.* São Paulo: Hércules, 2002.
FIORAVANTE, Celina. *O Pai-Nosso e os Chacras.* São Paulo: Groud, 2000.
FRATERNIDADE ESPIRITUAL DR. LOURENÇO. *Introdução à Apometria.* Apostila.
KARDEC, Allan. *Obras Póstumas.* 22. ed. Federação Espírita Brasileira. Brasília, 1944.
_____. *Livro dos Espíritos.* 135. ed. Araras: IDE, 2001.
LEADDEBATER, C. W. *Os Chakras e os Centros Magnéticos Vitais do Ser Humano.* Tradução de J. Gervásio de Figueiredo. São Paulo: Pensamento, 2006.
MAES, Hercílio. *Elucidações do Além.* Pelo espírito Ramatís. 10. ed. Limeira: Conhecimento, 2005.
_____. *Fisiologia da Alma.* Pelo espírito Ramatís. 16. ed. Limeira: Conhecimento, 2011.
MARQUES, Adilson. *Apometria: a mediunidade e o poder da mente a serviço da regeneração espiritual da Terra.* São Carlos: RiMa, 2011.
PASTORINO, Carlos Torres. *Técnica da Mediunidade (Ensaio).* Rio de Janeiro: Sabedoria, 1970.
PEIXOTO, Norberto. *Evolução no Planeta Azul.* Pelo espírito Ramatís. Limeira: Conhecimento, 2003.
_____. *Jardim dos Orixás.* Pelo espírito Ramatís. Limeira: Conhecimento, 2004.
_____. *Vozes de Aruanda.* Pelo espírito Ramatís. Limeira: Conhecimento, 2005.
_____. *Umbanda de A a Z: aprendendo com Ramatís.* Pelo espírito Ramatís. Limeira: Conhecimento, 2011a.

_____. *Desequilíbrio dos chacras e as disfunções orgânicas*. 30 mai. 2011b. Disponível em: <http://www.triangulodafraternidade.com/2011/05/magnetismo-eteriatria-chacras-e-o.html>. Acesso em: 26 abr. 2015.

_____. *Assédio e subjugação espiritual entre vivos (encarnado para encarnado)*, 16'44". 18 abr. 2013a. Disponível em: <https://www.youtube.com/watch?v=-wnPw0-ZjfwY>. Acesso em: 26 abr. 2015.

_____. *Apometria na Umbanda: dinâmica do desdobramento induzido*, 11'57". 28 jun. 2013b. Disponível em: <http://www. youtube.com/watch?v=gVKbnLhmHtw&list=PLzkxg0mwALZ 3BMdMfxyJs6a63mVHfPzg_>. Acesso em: 26 abr. 2015.

_____. *Apometria: ressonância do passado e despolarização estímulo de memória x terapia de vidas passadas*, 17'03". 11 jul. 2013c. Disponível em: < https://www.youtube.com/watch?v=lFE30mClKio >. Acesso em: 26 abr. 2015.

_____. *Iniciando na Umbanda*. Porto Alegre: Triângulo da Fraternidade: no prelo.

SOCIEDADE BRASILEIRA DE APOMETRIA. *Curso Oficial Apometria*. Anotações, dez. 2006.

XAVIER, Francisco Cândido. *Nos Domínios da Mediunidade*. Pelo espírito André Luiz. 32. ed. Rio de Janeiro: Federação Espírita Brasileira, 2005.

XAVIER, Francisco Cândido; VIEIRA, Valdo. *Estude e Viva*. Pelos espíritos Emmanuel e André Luiz. 11. ed. Rio de Janeiro: Federação Espírita Brasileira: 2005.

Artigos digitais
Sorte é merecimento, por Saul Brandalise Jr. Disponível em: http://somostodosum.ig.com.br/conteudo/c.asp?id=06950

Você fez por merecer?, por Graziella Marraccini. Disponível em: http://somostodosum.ig.com.br/conteudo/c.asp?id=11992

Deus, me ajude!, por Lena Antabi (l.antab@uol.com.br). Disponível em: http://somostodosum.ig.com.br/clube/artigos.asp?id=19317

O que é o livre-arbítrio?, por Mauro Kwitko. Disponível em: http://somostodosum.ig.com.br/clube/c.asp?id=3237

Livre-arbítrio – o poder da escolha, por Márian Marta Magalhães (mariansoluz11@gmail.com). Disponível em: http://somostodosum.ig.com.br/clube/artigos.asp?id=23855

O livre-arbítrio, por Luz da Serra. Disponível em: http://www.luzdaserra.com.br/o-livre-arbitrio

O livre-arbítrio e suas consequências, por Carlos Antonio Santos Sales (carlosales@hotmail.com). Disponível em: http://somostodosum.ig.com.br/clube/c.asp?id=33919

Corrigir a rota e exercer o livre-arbítrio, por Graziella Marraccini. Disponível em: http://somostodosum.ig.com.br/conteudo/c.asp?id=10722

O livre-arbítrio: liberdade exige responsabilidade, por Euckaris Guimaraes Mendes (karislumen@yahoo.com.br, uniaoefa@hotmail.com). Disponível em: http://somostodosum.ig.com.br/clube/artigos.asp?id=13832

O caminho de dentro, por Dalton Roque (www.consciencial.org). Disponível em: http://consciencial.org/autoconhecimeto-desenvolvimento/o-caminho-de-dentro

Em busca da felicidade, por Mon Liu. Disponível em: http://somostodosum.ig.com.br/conteudo/c.asp?id=3237

Artigos e textos publicados no site do Grupo de Umbanda Triângulo da Fraternidade. Disponível em: http://www.triangulodafraternidade.com

OUTROS LIVROS DO AUTOR...

Durante o processo de inserção ocorrido na diáspora africana (nagô) no Brasil, o papel fundamental de ordenador de todo o sistema cósmico de Exu se transformou, no imaginário popular, em uma figura satânica. Ele é o único do panteão de orixás que não foi sincretizado com nenhum santo do catolicismo, numa intencional demonização conduzida pela religião oficial dominante na época e não pelos africanos, ao contrário do senso comum que se estabeleceu. Afinal, quem é Exu? No livro, Norberto Peixoto analisa com profundidade todo o universo de Exu no contexto da Umbanda e, além disso, traz um guia de estudos para que possamos compreender melhor nossos caminhos evolutivos, superando em nós a cruz e as encruzilhadas da existência humana, necessárias à inexorável expansão da consciência como espíritos imortais.

16x23cm / 168 págs. / ISBN: 978-85-5527-023-9

É um guia de estudos que registra os fundamentos básicos, esotéricos, teológicos e rito-litúrgicos da Umbanda. Buscando a universalização do saber, sem pretensão de codificação, é composto por uma série de conhecimentos que abordam temas pouco esclarecidos e vivenciados no mediunismo de terreiro, como a suposta ambiguidade de Exu, a serventia das encruzilhadas, os encantamentos das folhas e os fundamentos da fitoterapia astral, a magia de pemba – do sopro e das fumaçadas, o que é um Cruzeiro das Almas, o que são os Caboclos Bugres, o culto a Ori (cabeça) e aos Orixás, os endereços e assentamentos vibratórios, as palavras sagradas e o poder do verbo – a magia do som, culminando com relatos de casos verídicos, tecendo uma firme e didática "conversa" com o leitor, esclarecendo nuanças pouco entendidas dentro dos terreiros umbandistas.

16x23cm / 168 págs. / ISBN: 978-85-5527-027-7

www.legiaopublicacoes.com.br

LEGIÃO PUBLICAÇÕES é o mais novo selo **BesouroBox**. Uma série que vem reforçar nosso comprometimento com a diversidade religiosa e cultural brasileira e suas tradições. Fiéis às nossas origens e objetivos, acreditamos no rompimento de preconceitos e tabus, acreditamos no questionamento e na renovação, na transformação das relações humanas e na troca de experiências e conhecimentos. Seja qual for sua crença, estamos todos conectados, desde que o pensamento fraterno e o bem maior de todos seja a principal missão.

Voltado para o universo Umbandista, seus colaboradores e estudiosos, a **LEGIÃO PUBLICAÇÕES** nasce estruturada nos três princípios que regram a Umbanda: fraternidade, caridade e respeito ao próximo. Temos certeza de que as publicações que farão parte desse selo virão somar significativamente à nossa missão de produzir obras capazes de estimular o crescimento e o prazer da leitura e do conhecimento.